命理生活新智慧·叢書 129

紫微+水象星座

(雙魚座．巨蟹座．天蠍座)

算命更準

法雲居士◎著

金星出版社 http://www.venusco555.com
E-mail: venusco555@163.com

法雲居士網址：http://www.fayin777.com
E-mail:fatevenus@yahoo.com.tw

國家圖書館出版品預行編目資料

紫微+水象星座算命更準／法雲居士著，--臺北市：金星出版：紅螞蟻總經銷，2021年 [民110年] 第1版　面；　公分—(命理生活新智慧叢書·129)

ISBN: 978-986-6441-78-3 （平裝）

1.紫微斗數　　2.占星術

293.11　　110007924

紫微+水象星座 算命更準

作　　者：法雲居士著
發 行 人：袁光明
社　　長：袁靜石
編　　輯：尤雅珍
出版經理：王璟琪
出 版 者：金星出版社
社　　址：台北市南京東路三段201號3樓
電　　話：886-2-23626655
傳　　真：886-2-23652425
郵政劃撥：18912942金星出版社帳戶
總 經 銷：紅螞蟻圖書有限公司
地　　址：台北市內湖區舊宗路二段121巷19號
電　　話：(02)27953656(代表號)
網　　址：www.venusco555.com
E-mail　：venusco555@163. com
fatevenus@yahoo.com.tw
法雲居士網址：http://www.fayin777.com
E-mail　：fatevenus@yahoo.com.tw

版　　次：2021年7月第1版
登 記 證：行政院新聞局局版北市業字第653號
法律顧問：郭啟疆律師
定　　價：380　元

投稿者請自留底稿
本社恕不退稿

ISBN： 978-986-6441-78-3（平裝）

（因掛號郵資漲價，凡郵購五冊以上，九折優惠。本社負擔掛號寄書郵資。單冊及二、三、四冊郵購，恕無折扣，敬請諒察

紫微＋水象星座　算命最準

序

這本《**紫微＋土象星座　算命最準**》是一套四本『星座加紫微』的書中之首冊。其他還有《**紫微＋火象星座　算命最準**》、《**紫微＋風象星座　算命最準**》、《**紫微＋水象星座　算命最準**》。

十二星座和紫微斗數看命的方法，同樣都是以人出生時、當時天上的星盤為主，來推論人之個性與命運前途的內容的。雖然各自的星曜名稱不一樣，但都是以出生日在黃道上的時間點做為依歸。以春分、夏至、秋分、冬至做為四個定點來分出春、夏、秋、冬的時序。人的性格和運氣會根據時序變化和環境影響而變化起伏。

紫微＋水象星座
算命更準！

這本《紫微＋風象星座　算命最準》講的是紫微命格的人又分別是雙子座、天秤座、寶瓶座的時候，會有什麼特殊的特質及思想，這是好還是壞呢？我們要如何利用本身性格及思想模式的優點，來建造屬於我們自己的成功人生呢？還可以在你結交朋友、尋找合作對象、應徵下屬人員、當你分析人性時，能做有利的參考，這就是這本紫微＋星座的書的最大目的與功能了！

《紫微＋風象星座　算命最準》，從每一星座（主要是以上升星座和命宮為主的星座）所對應的紫微十九顆星的命格相互影響的細微狀況，兼而影響到生命和環境對應的關係，繼而影響到人的命運。這本書都紀錄清楚，以供大家參考。至於其他的月亮、金星、木星⋯等，亦或是星盤中四大尖軸的上升、下降、天頂與天底在紫微中都會包括在星曜所含的意義之中，或在紫微命盤上的星曜出現的位置上。由此而相互印證命運的變化。

紫微＋水象星座（雙魚座・巨蟹座・天蠍座）

目錄

紫微＋水象星座
算命更準！

巨蟹座

紫微＋水象星座
算命更準！

紫微＋水象星座
算命更準！

天蠍座

紫微＋水象星座
算命更準！

雙魚座

（2 月 19 日～3 月 20 日）

雙魚座．星座探秘

●位次與主管事項：位於第十二宮。

主管潛意識、神秘經驗、藝術和知識特質、

監獄、醫院、海洋等。

●精神能力與特質

具有犧牲精神和理想主義。但不切實際。
性格仁慈，友善。富又同情心，愛護動物。
雙魚座的人能適應環境和不同立場狀況。
有創造力和藝術才華。愛夢想，沉溺浪漫。
活潑，明朗，溫和。愛好藝術，給人印象佳。

喜選擇遠離世俗的生活，在物質上成就不大。

多愁善感，濫情、軟弱、不能面對現實。過於理想，內心矛盾。易同情弱者和不幸的人。

有自我犧牲精神，並在付出與回報上，能找到自我安慰的平衡點。天生樂天派，盲目樂觀。

●戀愛速配對象

第一名：巨蟹座、處女座
第二名：天蠍座、寶瓶座

●誕生石及幸運色及飾品

誕生石：月長石、血石
幸運色：湖綠色
幸運飾品：錫製飾品。

●幸運旅行國家及城市

所屬國家與城市：埃及亞歷山大港、西班牙塞維爾。

紫微＋水象星座（雙魚座・巨蟹座・天蠍座）

雙魚座（2月19日至3月20日）

雙魚座＋紫微命格的人

命運特質

這個雙魚星座的『紫微』坐命者生於氣候是雨水到春分間的日子，在農曆一、二月間的春日木旺之時，紫微屬土，故春土虛浮。土氣較弱。此命格的人，運氣不頂好，氣勢未必足，但外表還穩重、受人敬重。你們多浪漫情懷、愛幻想、有同情心。能適應環境和不同立場。有創造力和藝術才華。喜歡選擇遠離世俗的生活、物質成就差。會懦弱無法掌權。但此星座的紫微坐命者是人數極少的。

（雙魚座・紫微）的人，多愁善感、軟弱，不能面對現實，過分理想化，內心矛盾。

戀愛運

（雙魚座・紫微）的人，依賴心強與愛幻想，喜歡浪漫，自己會尋找這些條件的對象，你們往往為了照顧失戀的異性朋友，而成為對方的下任戀人。你們明朗活潑很有魅力，但太濫情。有時會陷自己於矛盾之中。

金錢運

（雙魚座・紫微）的人，金錢運還好。但理財能力未必佳，會浪漫的衝動購物，但能彌補過來，做公務員、薪水族或自營商，賺錢不多，生活愜意。

事業運

（雙魚座・紫微）的人，在工作運上很順遂，很有創造力和藝術才華，可做公務員或大機構上班。在創意企劃部門或管理部門，能做主管，做旅行業、營業業務，廣播員，公司領導人，語言教學都很好。有貴格的人會有成就。

健康運

（雙魚座・紫微）的人，健康很好，偶而小感冒或腸胃、消化道的小毛病，但要小心心臟病、心血管疾病、高血壓、精神緊張等問題，或耳病、手足傷災。

磁場相合的星座與命格

（巨蟹座・天府） ♥♥♥♥♥

（處女座・武曲） ♥♥♥♥

（天蠍座・天相） ♥♥♥♥

（寶瓶座・貪狼） ♥♥♥♥

不想與其溝通的星座與命格

（牡羊座・廉殺）

（牡羊座・廉殺）的人吝嗇龜毛，（雙魚座・紫微）的人，彼此看不慣。

雙魚座＋紫府命格的人

命運特質

雙魚座的『紫微・天府』坐命者，簡稱（雙魚座・紫府）的人，生於氣候是雨水到春分間的日子，在農曆一、二月間的春日木旺之時，紫微與天府都屬土，故春土虛浮。土氣衰弱。此命格的人會氣弱，外觀仍穩重，財運普通。打拼能力也普通。你們略有依賴心，也有很強的同情心。才華洋溢，但喜歡遠離世俗生活，過清靜日子。

（雙魚座・紫府）的人，亦會在龍年及狗年有『爆發運』。能得大財富。此命格的人，有藝術才華，但未必有貴格，雖喜歡賺錢，能過舒服日子，物質成就不算大。你會利用人際關係來賺錢。

戀愛運

（雙魚座・紫府）的人，外表活潑溫和感性，人際關係好，你們浪漫，愛幻想，對戀愛有憧憬。你很想找人來依賴，但後來才發覺彼此價值觀與性格差很多，戀愛無疾而終。

（雙魚座・紫府）的人，婚姻多半不美滿，你容易多愁善感及孤獨。你也可能會濫情、軟弱，不願面對現實，在戀愛的漩渦中打轉。無法決定。

金錢運

（雙魚座・紫府）的人，金錢運還不錯。因為你們還算喜歡工作，對金錢有敏感力，又有爆發運可發。你們又會變化賺錢手法。以及投資房地產做積蓄。財富有一些。

事業運

（雙魚座・紫府）的人，很有藝術才華及創意，很忙碌，喜歡浪漫，做浪漫行業及創意多的店長或管理人員很好。你們適合做婚紗店、浪漫旅店、百貨業、旅行業、買賣業，廣告業或廣播業，能迅速入帳在口袋的行業。龍年、狗年有爆發運，可發大財。因為缺乏『主貴』格局，只宜多從商，發揮賺錢的智慧，你們可成功成為多家店的老闆。

健康運

（雙魚座・紫府）的人，健康很好。但必須小心膀胱、脾臟等問題。還有耳病。或淋巴系統的問題。也要小心乳癌，或生殖系統的毛病。

磁場相合的星座與命格

（巨蟹座・天府）♥♥♥♥♥
（處女座・武府）♥♥♥♥
（天蠍座・廉殺）♥♥♥♥
（寶瓶座・七殺）♥♥♥♥

不想與其溝通的星座與命格

（雙子座・武貪）

（雙子座・武貪）的人油滑又跑得快，小氣吝嗇。（雙魚座・紫府）的人還沒溝通就閃人了，價值觀不同，彼此看不慣。

雙魚座＋紫相命格的人

命運特質

雙魚座的『紫微．天相』坐命者，生在雙魚座，生於氣候是雨水到春分間的日子，在農曆一、二月間的春日木旺之時，紫微屬土，故春土受剋。土氣虛弱。天相福星屬水，春水休囚，不旺虛弱。此命格的人，容易四肢無力，愛幻想，依賴心強。享福的力道弱，操勞多，內心矛盾，軟弱，不能面對現實。心態敏感。你們易多愁善感，同情心強。做事過分理想化，討厭約束與規定，遇事會拖延。喜歡遠離世俗的生活。

雙魚座的『紫相』坐命者，理想高超，才華洋溢，也會有藝術才華。有時會不切實際，但會痛苦的修正更改。和上司、老闆意見不合發生時，但你會極力閃躲忍耐，或突然辭職。你們的創造力及財運還不錯，成功機會仍有。

戀愛運

（雙魚座．紫相）的人，愛夢想，易沉溺浪漫，外型超佳、有特殊的氣質，體型也瀟灑挺拔。缺乏戀愛手段。常常有一些你看不上的人貼上來，很讓你煩腦。你仍是外貌協會的人。婚後仍濫情的過很自我的日子，和人有距離感。即使配偶也不瞭解你的心思。能相安無事的生活，就是最好的婚姻模式了。

金錢運

（雙魚座．紫相）的人，財運還好。賺錢的機會有不少，算是中高薪。也會存一點錢。你們可在混亂環境中賺些修復意味之錢財。你生活周圍的花費很大，未必存得住錢。你們家中常發生某些問題，必需你的付出。你也有犧牲精神，會對家人付出。你更喜歡生活享受，有時也對自己多一點犒賞。

事業運

（雙魚座・紫相）的人，工作運上要靠不斷的努力規劃及經營，才會有發展。你們有創造力，也有過分遠大的理想，但環境變化的速度很快。此命格的人，性格明朗活潑，愛好藝術。極富創造力的事物會吸引你們。應變能力及口才不錯。能改建老舊物品，或沒落的傳統產業改造出新設計。是極佳的藝術創新與改革者。也是富有實力的新生代。你們會經過不斷努力發展出新事業。

健康運

（雙魚座・紫相）的人，在健康良好。但要小心糖尿病、淋巴癌及膀胱方面的毛病。或水道系統極血液的問題。

磁場相合的星座與命格

（巨蟹座・破軍） ♥♥♥♥♥
（處女座・武相） ♥♥♥♥
（天蠍座・天府） ♥♥♥♥
（寶瓶座・廉貞） ♥♥♥♥

不想與其溝通的星座與命格

（金牛座・陀羅）

（金牛座・陀羅）的人陰險、拖延、計謀又笨，（雙魚座・紫相）的人敏感到被刑財，彼此不對盤。

雙魚座＋紫貪命格的人

命運特質

（雙魚座・紫貪）的人，紫微屬土，貪狼五行屬木，其本命就有點相剋，生於雙魚座，生於氣候是雨水到春分間的日子，在農曆一、二月間的春日木旺之時，紫微屬土，故春土虛浮。土氣衰弱。貪狼木旺。所以此命格的人，活潑、風趣，愛幻想，多浪漫，富於同情心。能適應環境和不同立場。學習力強。

此星座的『紫貪』坐命者，是獵豔能手，性感魅力很強，一生運氣超好。爆發運也多。因桃花誤事者要小心。

（雙魚座・紫貪）的人，本身愛幻想及極為浪漫，故桃花多，好色很平常。你的艷遇多，運氣在春天超旺。但你與人有距離，不喜歡讓人瞭解你。你容藝有貴格『陽梁昌祿格』，能有高學歷與大成就。

戀愛運

（雙魚座・紫貪）的人，雖然慵懶，但你們是愛情獵人。挑對象很講究，喜歡外貌及具知性美和學歷的人。最後會選擇到對你最有幫助、家世好，財力好、性愛能力又強的人為佩偶。此命格的人講究標準高，毫不通融。但主要仍是以性慾為主的戀愛。

紫微＋水象星座
算命更準！

金錢運

（雙魚座・紫貪）的人，理財能力不佳，財運不甚好。但常可能有偏財運。你們不泰會賺錢，很會花錢，必須找一個能賺錢理財的配偶才行。你們有爆發運的人會有大財富。能享受財富的滋味。無偏財運者，只是一般上班族的收入格局。可靠配偶貼補生活順意。

事業運

（雙魚座・紫貪）的人，做軍警業最適宜，升官快，有功績。無法做文職。做文職會窮。你們雖人緣好，但工作運未必強，總有是非糾紛，要小心有桃花官司。有爆發運的人能有升大官之機會，亦會爆發財運。成為富翁。有貴格的人，能做大官或機構負責人。

健康運

（雙魚座・紫貪）的人，身體健康，但要小心高血壓、心臟病等，以及耳病、大腸的毛病、便秘、性病。

磁場相合的星座與命格

（巨蟹座・天府） ♥♥♥♥♥

（處女座・天相） ♥♥♥♥

（天蠍座・武曲） ♥♥♥♥

（寶瓶座・七殺） ♥♥♥♥

不想與其溝通的星座與命格

（寶瓶座・同陰）

（寶瓶座・同陰）的人有公主病及王子病，難侍候，（雙魚座・紫貪）的人，覺得太麻煩，不想招惹。

雙魚座＋紫殺命格的人

命運特質

（雙魚座‧紫殺）的人，生於氣候是雨水到春分間的日子，在農曆一、二月間的春日木旺之時，紫微屬土，故春土虛浮。土氣衰弱。七殺屬金，春金受剋氣弱。故七殺是受剋的。此命格的人，會溫和有點懶洋洋，提不起勁。

（雙魚座‧紫殺）的人，才華洋溢。有創造力和藝術才華。你們有時活潑明朗，有時又多愁善感，富有同情心。但你們會有點驕傲，有時也願意犧牲小我，照顧弱者。一般來說對於賺錢的事算是努力的。你們有貴格的人少，但會有爆發運能成就大事。你們大多喜歡遠離世俗的生活。在財富成就上不大。

戀愛運

（雙魚座‧紫殺）的人，天生浪漫，愛幻想，富同情心，算是很濫情的人。選擇配偶會挑選個性更懦弱乖巧、須要保護的人。你會以自我為中心，為對方做一些浪漫的事。但有時你又會命令或約束配偶，要他聽話或工作。你們的配偶多半是個子矮小。又懦弱聽話的好好小姐或先生。

金錢運

（雙魚座‧紫殺）的人，財帛宮是『武貪格』爆發運格局，又生於春日雙魚座，命格中必須帶火，才容易在牛年、羊年有超大的爆發運，能大發富貴。天生財運不錯。如果命中火少，就會爆發的小。

事業運

（雙魚座・紫殺）的人，在事業運方面，做武職（軍警職）較佳、或做勞力重的工作會收入好。做文職較不富，會賺錢少。你們喜歡有官位的工作。例如副理、經理或組長、主任之類。通常你們會做品項雜亂或複雜的工作。如鐵工廠等，做房地產仲介，或保險仲介也不錯，只要是競爭激烈、勞心勞力的工作，會非常忙碌。

健康運

（雙魚座・紫殺）的人，身體強壯，骨骼硬挺。但要小心肺部、氣管、膀胱、尿道、眼目、淋巴系統、以及生殖系統的毛病。或乳癌、下腹部的問題。

磁場相合的星座與命格

（巨蟹座・天府） ❤❤❤❤❤

（處女座・廉府） ❤❤❤❤

（天蠍座・天府） ❤❤❤❤

（寶瓶座・廉相） ❤❤❤❤

不想與其溝通的星座與命格

（金牛座・陀羅）

（金牛座・陀羅）的人頑固，又兇。（雙魚座・紫殺）的人和他在一起，像磨刀，無法相合，彼此看不慣。

雙魚座＋紫破命格的人

命運特質

（雙魚座・紫破）的人，生於氣候是雨水到春分間的日子，在農曆一、二月間的春日木旺之時，紫微屬土，故春土虛浮。土氣衰弱。破軍屬水。春水休囚衰弱。故此星座的『紫破』坐命者，脾氣不好，個性衝動，有時懶洋洋。雖才華洋溢肯打拼，性格驕傲，愛夢想，對工作常處於做做停停的階段，喜歡開創新事物，但不長久，易放棄，沒恆心。

（雙魚座・紫破）的人，因為本命虛弱，紫微的復建能力不太好。破軍的開創能力也差。人生起伏會很大。自己又常對四周環境不滿。你們好奇心強，很濫情，極富同情心，容易被騙。生活上花費多，經濟壓力大。

（雙魚座・紫破）的人，賺錢與理財能力都不好，容易欠債。本身雖吝嗇，喜歡享受，會把錢花在自己身上。

戀愛運

（雙魚座・紫破）的人，表面上是獵豔高手。但並不想真正為對方負責任。但喜歡沉溺於浪漫，會在自以為的愛情漩渦中打轉。有多次婚姻紀錄，會讓你們心智成長。你們的感情世界，離奇的故事很多，不順利。

金錢運

（雙魚座・紫破）的人，是同命格

中偏財運較中等的人。命格中火多一點才可能有偏財運。你們多半是藍領階級或不工作的人，賺辛苦錢或無業生活。你們的理財記帳能力不佳，愛花錢，喜買高級超貴的物品。在花錢方面不手軟，因此難積蓄、常鬧窮。

事業運

（雙魚座・紫破）的人，在事業工作方面，適合做軍警業，能升到高官。投資與理財的能力不佳，若要做生意，會失敗。還可能家破人亡。你們會做沒有職稱的工作，做文職會窮。做勞力重的工作，如開砂石貨車等，會收入好。若有文昌或文曲在命、遷二宮，會長相美麗斯文，會是『窮儒』色彩的人，既無事業，也無錢財了。

健康運

（雙魚座・紫破）的人，年輕時身體健康，中年後有病，要小心肺部、糖尿病、脾臟、胃病，或淋巴系統的毛病。

磁場相合的星座與命格

（巨蟹座・廉相）❤❤❤❤
（處女座・武相）❤❤❤
（天蠍座・天相）❤❤❤
（寶瓶座・天梁）❤❤❤

不想與其溝通的星座與命格

（天蠍座・機巨）

（天蠍座・機巨）的人陰險、智商高，得理不饒人。（雙魚座・紫破）的人怕招惹，彼此看不慣。

雙魚座＋天機命格的人

命運特質

（雙魚座．天機）的人，天機五行屬木，生於氣候是雨水到春分間的日子，在農曆一、二月間的春日木旺之時，木氣極旺。超聰明，愛學習，有創造力，有藝術才華。也容易有貴格『陽梁昌祿格』。對讀書很勤奮，善於競爭，會有大成就。你們是主貴的命格。

（雙魚座．天機）的人，天真浪漫，喜歡變化，愛幻想，容易不切實際。性格忽喜忽憂。運氣也會上下起伏。命格中無貴格的人，會自作聰明，做一般的上班族。此命格的人雖聰明但不適合從商，會選擇遠離世俗的生活。還好你們有多金的父母照顧，生活無虞。

戀愛運

（雙魚座．天機）的人，你們也是戀愛獵人。是隨遇而安、隨機碰到的，你以為他很聰明的人，將之狩獵為愛情對象。但最後你們會找性格極度寬容，能保持安全距離的對象，這樣才會有戀愛感覺。通常你們會用怪招反復試驗，之後才會結婚。你會帶著豐厚家財來結婚的。愛浪漫的你們和巨蟹座的人很相合，也會過得幸福的。

金錢運

（雙魚座．天機）的人，在財運上穩定。有多金的父母，支援生活家用。

本身有高等知識及職位賺錢，你們生活富裕。命格中火多的人偏財運也強。父母給的遺產也多。一生靠父母及高職位生活快樂無憂。

事業運

（雙魚座・天機）的人，雖多幻想與創造力，但在工作運上，只是大企業工作或公務員職位，是個薪水族。雖喜歡變化，卻不想太辛苦。或做教師、職員、或在家族事業中工作，是生平無大志的人物。只喜歡變法子玩跟享福。

健康運

（雙魚座・天機）的人，身體健康，會有手足傷，和頭臉有破相。但要小心肝、腎、肺部及大腸、膀胱的毛病。也要小心性無能的問題。

磁場相合的星座與命格

（巨蟹座・太陽）❤❤❤❤❤

（處女座・巨門）❤❤❤❤

（天蠍座・天梁）❤❤❤❤

（寶瓶座・機巨）❤❤❤❤

不想與其溝通的星座與命格

（金牛座・武貪）

（金牛座・武貪）的人性格吝嗇、剛硬、注重小節。（雙魚座・天機）的人常被挑剔，彼此看不慣。

雙魚座＋機陰命格的人

命運特質

（雙魚座．天機、太陰）的人，生於氣候是雨水到春分間的日子，在農曆一、二月間的春日木旺之時，天機屬木，木氣旺。太陰屬水，春季休囚較弱。此命格的人，情緒好時喜歡東跑西跑，驛馬超強。情緒低落時，不愛動。其人生不安定。常搬家、換工作，或到各地旅遊、留學，其人的身份也常變化。你們特別聰明，學習能力強。運氣的變化很大，會選擇遠離世俗的生活。

（雙魚座．機陰）的人，情緒變化快，富有同情心。多愁善感，很濫情。常拿不定主意。此命格的人做上班族較好，不適合做老闆。比較不必負太大的責任。有貴格的人，會留學到世界各地或工作。生活愜意。但要多小心車禍傷災！

戀愛運

（雙魚座．機陰）的人，喜歡浪漫，會找不同類型的人戀愛。常更換戀人。你們是多愁善感、情緒多變又具有王子病及公主病的人，但最後你們還是能找到能容忍你們的配偶。你們大多選太陽或天同坐命的人來戀愛或結婚。因為這兩個命格的人較麻木，會隨你們怎麼擺弄、都能忍受。就連打罵都能接受。忍耐力超強。也能陪著你們東飄西盪到處玩，到處探險體驗，是天生的好跟班、讓你快樂一生。

紫微＋水象星座
算命更準！

金錢運

（雙魚座・機陰）的人，適合做軍警業或外務性質的工作。是薪水族的財運。必須要固定上班領薪水才行。若父母有金錢支助，會生活愜意。不能做生意，會失敗結局。如果能多兼差或有偏財運，累積能發富。

事業運

（雙魚座・機陰）的人，有熟人或長輩會介紹工作給你。你們極容易有貴格，能得到高學歷和高薪工作。升職、升官都容易，會有貴人照顧。但較難成為企業老闆。會因工作變化或業種跨行，或東跑西跑的，常歸零從新開始，事業運難以累積進行。

健康運

（雙魚座・機陰）的人，健康很好，但要小心胃部、脾臟、膀胱、肺部的問題，以及性生活方面、車禍的問題。

磁場相合的星座與命格

（巨蟹座・太陽） ♥♥♥♥♥

（處女座・天同） ♥♥♥♥

（天蠍座・天同） ♥♥♥♥

（寶瓶座・巨門） ♥♥♥♥

不想與其溝通的星座與命格

（天蠍座・廉府）

（天蠍座・廉府）的人吝嗇又有計謀，對錢財小氣。（雙魚座・機陰）的人愛花錢，彼此看不慣。

雙魚座＋機梁命格的人

命運特質

（雙魚座・天機、天梁）的人，天機屬木，天梁屬土，本身就木土相剋，生於氣候是雨水到春分間的日子，在農曆一、二月間的春日木旺之時。天機屬木，木氣旺，天梁屬土，春土休囚衰弱。此命格的人聰明有一點，愛幻想，不切實際，喜為人出主意，也會不切實際。

（雙魚座・機梁）的人，口才好，有同情心，愛夢想，做上班族，不喜太多負責任的事。此命格的人蔭庇不強。你們很靈活，能適應環境和不同立場。年運中會有半年運氣好、半年運氣壞，也會有超強爆發運。有貴格的人，會有高學歷及大成就。

戀愛運

（雙魚座・機梁）的人，是戀愛獵人，很靈活，愛說話，能捕捉口才好，會幽默的人。你們會主動狩獵愛聊天極會說笑話的對象。也會躲避愛糾纏的人。但婚後仍是為金錢問題發生爭吵，嚴重時就會吵到分手。

金錢運

（雙魚座・機梁）的人，是上班族財運的人。具有貴格的人，會有高薪收入好。羊年、牛年有偏財運『武貪格』爆發運，命格中火多的人，會一夜致富。你的蔭庇不算強，但有家產可分。一生都生活舒適。你對物質要求不高，喜歡選擇遠離世俗的生活。

事業運

（雙魚座・機梁）的人，是『機月同梁』格，上班族的人。性格活潑開朗，過分理想，內心矛盾，不愛負責任。偶而興起要做生意的念頭，會和人合夥而倒閉，吃大虧。因此不適合自己開業。你容易工作不長久，做做停停，或行動力不強。你適合做軍警業或與口才有關、動口不動手的工作。例如訓練員工、銷售員、會計等。如果有責格或有化權在命宮的人，會管理公司，職位會增高，成就較大。但較少成為大企業老闆。

健康運

（雙魚座・機梁）的人，健康很好。但要小心脾胃的毛病，以及肝膽、手足傷、臉面有破相等問題。也要小心火氣大、腸部便秘、糖尿病的問題。更要小心車禍及傷災問題。

磁場相合的星座與命格

（巨蟹座・太陽） ♥♥♥♥♥
（處女座・巨門） ♥♥♥♥
（天蠍座・太陰） ♥♥♥♥
（寶瓶座・太同） ♥♥♥♥

不想與其溝通的星座與命格

（摩羯座・廉貪）

（摩羯座・廉貪）的人自我意識濃厚、人緣不佳，（雙魚座・機梁）的人希望找到幽默、善聊天的朋友，相互沒有交集點，彼此看不慣。

雙魚座＋機巨命格的人

命運特質

（雙魚座‧天機、巨門）的人，天機屬木，巨門屬水，生於氣候是雨水到春分間的日子，在農曆一、二月間的春日木旺之時，天機旺，巨門水被木吸。此命格的人，頭腦靈活、智慧高、個性浪漫、古怪，愛幻想、變化多，但有同情心的人。容易有『陽梁昌祿格』的貴格，會具有高學歷及極高成就。在學術機構發展、或做武職軍警業，也能做公務員，可任高官。喜歡讀書，家世背景好。

（雙魚座‧機巨）的人，口才和智商高，是非稍少，你會躲避，但缺乏貴人運，必須靠自己努力。其人的成就也會很踏實。

（雙魚座‧機巨）的人，無貴格的人，會打工維生。機巨坐命的人必須具備高知識水準，人生才會成就高。

戀愛運

（雙魚座‧機巨）的人，是戀愛獵人，喜歡挑選古怪的對象，常更換情人。你們情緒不穩，又固執於某些條件，討厭對方太黏人、或根本不黏。會挑剔情人的穿著、行為舉止，讓戀人受不了而分手。戀愛運不順利。

金錢運

（雙魚座‧機巨）的人，是薪水族的人，智慧很高，工作能力高，能得高薪。亦會用經濟或數學理論方法來賺錢及理財，但你們投資方面很保守。會注重名聲和遠離世俗過安逸生活。

事業運

（雙魚座・機巨）的人，是固定領薪水工作模式。愛做公務員、教書或大企業上班，及軍警業。你們智商超高又能吃苦，稍微打拼努力，就能成功。但必須要有名聲，其事業地位才會增高。若有『火貪格』爆發運在虎年或猴年爆發的話，爆發運會發得大，能名揚四海。一般人能做創造力強的企業員工。

健康運

（雙魚座・機巨）的人，健康很好，很強壯。但要小心淋巴系統、血液系統或膀胱、尿道、腎臟、糖尿病、脾臟、肺病、氣管炎、大腸疾病或地中海貧血等問題。

磁場相合的星座與命格

（巨蟹座・天同）♥♥♥♥♥
（處女座・太陰）♥♥♥♥
（天蠍座・日月）♥♥♥♥
（寶瓶座・空宮）♥♥♥♥

不想與其溝通的星座與命格

（摩羯座・廉府）

（摩羯座・廉府）的人脾氣不好、擅於企劃組織事務，把錢變出來。（雙魚座・機巨）的人發現他愛要求別人，彼此看不慣。

雙魚座＋太陽命格的人

命運特質

（雙魚座・太陽）的人，太陽屬丙火，生於氣候是雨水到春分間的日子，在農曆一、二月間的春日木旺之時，春天的火，太陽不很旺。此命格的人，有脾氣，性格衝動、富同情心，活潑明朗，溫和，聲音大，個性也敏感。但命格中有木，故聰明、智商高，容易有貴格。讀書運好，長輩運也好。易有大成就。

（雙魚座・太陽）的人，愛幻想，有同情心，容易原諒別人。理財能力差，命宮中有貴格的人，會有高學歷及大事業。命宮中有『化權』的人。易做官或在政治圈打滾。屬於財官雙美的人。

戀愛運

（雙魚座・太陽）的人，是陽剛氣重，喜歡外表與性格柔美的人。雖然很愛談戀愛，會與愛慕對象搞曖昧，並展現自己的魅力與戀愛手段。最後你們還是知道要找一個安全可靠的配偶，一起過生活。你們易晚婚，會三心兩意。婚後也會覺得乏味。你們也會外遇，但很快會回家。有些人也會有兩個家。主要是因為對配偶的愛情已變為家人，毫無新鮮感了。

金錢運

（雙魚座・太陽）的人，做事不積

極，做公務員最好，領薪水煩惱少。或在大企業上班。你們不喜歡做生意。每月的金錢入帳很穩定。生時年月都木火旺的人會有龐大家財，生活富足。生時年月相剋的人，祖上較窮，須要自己打拼賺錢，從小都較辛苦。

事業運

（雙魚座・太陽）的人，也勞碌，也舒坦。其工作內容會與口才有關。例如做教育界、教師、廣播員宣傳員、或政府官員、政治圈議員等。一生事業有高有低。此命格的人不怕與是非沾邊，須先有名聲，才能有大事業、得大富貴。

健康運

（雙魚座・太陽）的人，身體健康，要小心高血壓、心臟病，以及腦中風等的疾病。有些人要小心糖尿病和高血脂、及膽固醇過高的毛病。

磁場相合的星座與命格

（巨蟹座・天梁） ♥♥♥♥♥

（處女座・天同） ♥♥♥♥

（天蠍座・太陰） ♥♥♥♥

（寶瓶座・巨門） ♥♥♥♥

不想與其溝通的星座與命格

（巨蟹座・武府）

（巨蟹座・武府）的人吝嗇，又計較付出，（雙魚座・太陽）的人吃悶虧，不想跟他斤斤計較，看不慣他。

雙魚座＋陽梁命格的人

命運特質

（雙魚座・太陽、天梁）的人，生於氣候是雨水到春分間的日子，在農曆一、二月間的春日木旺之時，太陽屬火，春火不旺。天梁屬土，春土休囚衰弱。故此命格的人會性格有點急躁，較悶，會不切實際，愛幻想。有依賴心。

（雙魚座・陽梁）的人，才華洋溢，愛好藝術，有自我犧牲精神。會同情弱者。表面看事業心強，會東忙西忙，但未必有成果。你們喜歡遠離世俗的生活。

（雙魚座・陽梁）的人，命格中有貴格的人，會有高學歷與成就。沒有貴格的人，打工賺錢過日子。成就不大。

戀愛運

（雙魚座・陽梁）的人，你內心的小劇場很多，喜幻想與浪漫情懷。你會對自己喜歡的戀人暗戀或吊味口，若即若離，或幾經周折，才結婚。你們喜歡胸大又愛碎嘴撒嬌的人。婚後依然吵不停。你們把吵架當情趣。

金錢運

（雙魚座・陽梁）的人，是月薪式財運。財運不錯，也會與房地產及銀行有關。父母會有房產給你們。或介紹高薪工作。讓你生活輕鬆。若命格中有貴格的人，會四海揚名的賺錢。也能做薪資高的公務員。生活無憂。

事業運

（雙魚座・陽梁）的人，幻想多，創造力強，但對事業不用心，也不在乎職位的高低，同情心特強。愛做慈善事業，照顧弱勢族群最好，或是做養生事業、教師，或算命術士替人解惑。命宮在酉宮的人，適合開國術館。

（雙魚座・陽梁）的人，官祿宮是空宮，命格中有貴格，文昌又居旺，會有高學歷及揚名四海的機會。沒有貴格的人，易人生起伏大，一事無成。

健康運

（雙魚座・陽梁）的人，身體不錯，但要小心脾胃及大腸、肺部的問題，高血壓、腦血管的問題、或糖尿病、皮膚病。丑時、巳時、未時生人要小心癌症。

磁場相合的星座與命格

（巨蟹座・天同）♥♥♥♥♥

（處女座・巨門）♥♥♥♥

（天蠍座・太陰）♥♥♥♥

（寶瓶座・同巨）♥♥♥♥

不想與其溝通的星座與命格

（雙子座・廉殺）

（雙子座・廉殺）的人喜歡裝聰明快閃，（雙魚座・陽梁）的人和他互不相見，彼此不認同。

雙魚座＋日月命格的人

命運特質

（雙魚座・太陽、太陰）的人，生於氣候是雨水到春分間的日子，在農曆一、二月間的春日木旺之時，太陽屬火，春日不很旺。太陰屬水，春水休囚衰弱。此命格的人，是個陽剛氣稍重，柔軟度不夠的人。也容易懶洋洋，脾氣急躁，但聰明好學，對工作稍有熱誠、你是多幻想、有理想的人。也容易不實際。

（雙魚座・日月）的人，性格稍微明朗，但易反覆無常，情緒變化多。容易沉溺於浪漫思想中。你們因為太陰較弱，財運不算好，做薪水族也易不穩定。命格中有貴格的人能做公務員，生活無慮。

戀愛運

（雙魚座・日月）的人，是戀愛獵人，專門受獵辦公室戀情。你們外型俊美，很吸引人。工作時期並不長，但最後能找到合意於你們條件的對象。

（雙魚座・日月）的人，是為愛情而生的人。常因辦公室戀情離職，或成為老闆的配偶。

金錢運

（雙魚座・日月）的人，財運是薪水族的財運。如果本命火多，太陽會很旺，工作運好，財運就也增多。有貴格的人，容易財官並美。雙魚座的人創意特佳，以此賺錢，生活富裕。

事業運

（雙魚座・日月）的人，愛幻想不喜多勞碌，雖會奮發工作，但缺乏貴人。命格中有貴格的人，會有高學歷，能教書或做專門學術研究，生活較平順。此命格的人，愛藝術和音樂，能成為藝術家或演奏家。沒有貴格的人，對人生和事業無企圖心，也無成就。

健康運

（雙魚座・日月）的人，身體尚可，但要小心有膿瘡之症。還要小心血液的濃度太濃。或血液中有雜質。要小心一切與血液有關的問題。例如地中海型貧血問題。要小心手足痠痛的問題。

磁場相合的星座與命格

（巨蟹座・太陰）♥♥♥♥♥

（處女座・天同）♥♥♥♥

（天蠍座・天相）♥♥♥♥

（寶瓶座・同巨）♥♥♥♥

不想與其溝通的星座與命格

（摩羯座・廉相）

（摩羯座・廉相）的人性格剛直，不會憐香惜玉，（雙魚座・日月）有公主王子病，與他不合。

雙魚座＋陽巨命格的人

命運特質

（雙魚座・太陽、巨門）的人，生於氣候是雨水到春分間的日子，在農曆一、二月間的春日木旺之時，太陽屬火，不很旺。巨門屬水，春水休囚衰竭。此命格的人，會懶洋洋，又好像奮發，但做不出什麼事。愛幻想，有依賴心。喜歡沉溺於浪漫情懷。凡事過分理想，內心矛盾。常瞎忙，口舌是非多。

（雙魚座・陽巨）的人，若命宮有太陽化祿、太陽化權的人，會在工作上有成就，財運也好。有巨門化權或巨門化祿的人，因巨門休囚，會是非及廢話較多、不切實際的人。易引起混亂與禍端。其人好爭強鬥狠愛競爭，命格中有貴格加『天刑』加祿星的人會做司法官。

（雙魚座・陽巨）的人，愛幻想，有時也會軟弱、濫情，不能面對現實。命盤上空宮多，衰運多，人生有一半時間在衰運中。但會有爆發運在丑、未年發生，必須非常的努力才會成功。

戀愛運

（雙魚座・陽巨）的人，外型俊俏，有魅力、愛幻想、很濫情。是追求戀愛的能手。本命稍有陽剛氣，喜歡自己主導愛情，選擇對象來追求。你們超愛口才好、能聊天幽默的對象，也會找到善解人意的配偶。

金錢運

（雙魚座・陽巨）的人，是木多喜

學習的人，會學投資，愛瞎忙，財、官二位都極弱，只能做薪水族。原生家中不富裕，你急須打拼賺錢。牛、羊年有爆發運，可發富一下。其他日子，你會瞎忙過日子，財來財去。

事業運

（雙魚座・陽巨）的人，工作運普通，但會東跑西跑，工作做不長。有貴格的人會有成就。有天刑加祿星的人會做司法官。一般人會做保險經紀、老師、律師、解說員、教育訓練員、接線生、司法人員、醫護員、超商店員。

健康運

（雙魚座・陽巨）的人中年以後要小心病痛。要小心膿瘡之症、開刀、淋巴系統的毛病、或大腸癌、肺部、消化系統潰爛、高血壓、心臟病、惡性貧血，腎弱等。

磁場相合的星座與命格

（巨蟹座・同陰） ♥♥♥♥♥

（處女座・太陰） ♥♥♥♥

（天蠍座・天同） ♥♥♥♥

（寶瓶座・天相） ♥♥♥♥

不想與其溝通的星座與命格

（雙子座・武曲）

（雙子座・武曲）的人分秒必爭在賺錢，不喜歡好逸惡勞。（雙魚座・陽巨）的人不被理會。相互沒交集。

雙魚座＋武曲命格的人

命運特質

（雙魚座・武曲）的人，因為是生於氣候是雨水到春分間的日子，在農曆一、二月間的春日木旺之時，武曲屬金，春金休囚衰弱，但八字中有木，木是金之財，故會生長在富裕家庭。祖上薄有資產。其人幼年也會愛讀書，容易有貴格，人生較有成就。但其人較浪漫，不太剛硬了，性格會稍軟弱。故只是有家業，自己賺的錢不算多了。

（雙魚座・武曲）的人，活潑明朗，愛好藝術。有時過分理想。喜怒哀樂容易表現出來。做事動作迅速及勤奮。但有時也不能面對現實。

（雙魚座・武曲）的人，有還算強的『武貪格』爆發運，能發富。沒有貴格的人，是一般生意人或軍警業者。

戀愛運

（雙魚座・武曲）的人，喜浪漫、愛幻想，是戀愛獵人，會尋找對自己有利的人做情人或配偶。因此情人的工作能力及家世背景會被考慮。討厭配偶要依賴自己。你們重視家庭，會中年以後熱心宗教。

金錢運

（雙魚座・武曲）的人，財運還不錯，幼年就生活富裕。天生對金錢敏感，但理財方法較笨拙，物質成就不大。要多學習運用，將聰明在理財上，會儲存到財富。你們在龍年、狗年擁有爆發運，火土年會爆發極大財富。有貴格的人會賺知識之財，亦能主富。

事業運

（雙魚座・武曲）的人，事業很順利，會自己做老闆。若做軍警職亦能升高官。爆發運強的人，能立大功，做大官。發富的人會容易升到富翁。命格中有貴格的人，能創建大企業。一般命格的人會做生意人。雙魚座的人享福特別多。喜選擇遠離世俗的生活，故此命格的人事業普通者多。

健康運

（雙魚座・武曲）的人，表面健康，實質稍弱，要小心肺部、支氣管炎、大腸和消化系統的問題，大腸癌、糖尿病及泌尿系統、膀胱等問題。

磁場相合的星座與命格

（巨蟹座・廉相） ❤❤❤❤❤
（處女座・紫府） ❤❤❤❤
（天蠍座・貪狼） ❤❤❤❤
（寶瓶座・武貪） ❤❤❤❤

不想與其溝通的星座與命格

（巨蟹座・七殺）

（巨蟹座・七殺）的人性格強硬、很會搶著賺錢，（雙魚座・武曲）的人害怕被七殺刑財，彼此看不慣。

雙魚座＋武府命格的人

命運特質

（雙魚座．武曲、天府）的人，生於氣候是雨水到春分間的日子，在農曆一、二月間的春日木旺之時，武曲金在春天休囚衰弱，天府土在春天虛浮衰弱。因此此命格的人生於雙魚座，常四肢無力，有點軟趴趴。會賺錢與存錢能力都不算強，在得財方面稍弱。儲蓄能力稍弱。不太會吝嗇小氣了。

（雙魚座．武曲、天府）的人，命中有貴格的人會多一點，因為命格中會有木。愛做公務員或上班族。雖一生為生活奔忙，喜歡過遠離世俗生活。你們喜歡學習與讀書，命格中有貴格的人，會成就較高。中年以後會有宗教信仰。

戀愛運

（雙魚座．武府）的人，婚姻運不佳。雖然你們愛幻想，很濫情，很浪漫，又有犧牲精神，但會找到和你們價值觀不同的對象。一生有多次婚姻。你們想法怪異，過分理想又剛直，內心常矛盾，感情容易受傷。如果能忍讓與找人參詳，也可挽救婚姻。

金錢運

（雙魚座．武府）的人，必須要多營謀打拼，才能賺到錢。你們外在的環境辛苦。很愛存錢。雖然你們對錢財小心。終日會埋頭營謀賺錢的事，但財運變化多。要辛苦籌謀才能存到財富。你們不可能是為錢財勞碌奔命的人。你們會過悠遊生活的人。

事業運

（雙魚座・武府）的人，工作運不錯，能找到職位高、安穩又薪水高的工作。和衣食業有關最好，堅持打拼會有成就。做公務員，大企業機構上班，或自己經營工廠或小生意也不錯。性格活潑有創意，不愛投資，生意無大發展。命格中有『火貪格』的人，虎年或猴年會發大財為富翁。命格中有貴格的人能成就大事業。

健康運

（雙魚座・武府）的人，身體健康，但要小心肺部、氣管炎、心肺功能和膀胱、生殖系統、大腸癌、脾胃的毛病，也怕乳癌、下半身寒涼、腹痛等毛病。

磁場相合的星座與命格

（巨蟹座・七殺） ♥♥♥♥♥

（處女座・破軍） ♥♥♥♥

（天蠍座・紫相） ♥♥♥♥

（寶瓶座・天同） ♥♥♥♥

不想與其溝通的星座與命格

（天蠍座・機陰）

（天蠍座・機陰）的人有公主王子病，（雙魚座・武府）的人雖濫情，但不想侍候他，彼此看不慣。

雙魚座＋武相命格的人

命運特質

（雙魚座・武相）的人，生於氣候是雨水到春分間的日子，在農曆一、二月間的春日木旺之時，武曲屬金，春金休囚衰弱，天相屬水，春水也休囚衰弱。此命格的人，會幻想多，才華洋溢，但有時懶洋洋的，常提不起勁來。你們愛享福，福不多。讀書會好。

（雙魚座・武相）的人，喜歡浪漫，愛衣食享受。不在乎成就大事業。命格中有貴格的人，會做民政有關的官員。人生層次較高。無貴格的人，只是上班族或衣食生意人，平凡一生。有武曲化權在命宮的人，做政治行業好，喜掌權。並且賺錢與花錢能力都強。可是與女性不合。

戀愛運

（雙魚座・武相）的人，是戀愛獵人，雖雙魚座有魅力，愛幻想與浪漫，但會晚婚或不婚。原因是不了解異性，又缺少戀愛的手段。很難找到好對象。你想找富裕的配偶。有些人會黏著你，多半是想靠你享福的窮人。所以你易蹉跎婚姻。早點看準對象下手才好。

金錢運

（雙魚座・武相）的人，財運還好，手中有一些現金，衣食不錯。並不用心賺錢。你們的父母富裕多金，會有不少家產留給你，所以你是生活優質。不須要多打拼努力。常會懶洋洋的享受衣食之樂，但喜歡讀書學習。

事業運

（雙魚座・武相）的人，工作運極好，稍認真一點，可做企業老闆或主管。你們天生愛衣食享受，可做專攻衣食類生意的老闆。但瞎忙的時間多，真正有效努力打拼的時間不多。生於雙魚座的人過分理想，賺錢卻不多，適合秋冬時節加碼打拼，會順利一些。

健康運

（雙魚座・武相）的人，身體還算健康。但都要小心脾胃的毛病，糖尿病、火氣重、常感冒、肺部、支氣管炎、大腸癌、便秘、心血管疾病、高血壓等。

磁場相合的星座與命格

（巨蟹座・天同）♥♥♥♥♥

（處女座・破軍）♥♥♥♥

（天蠍座・紫相）♥♥♥♥

（寶瓶座・武府）♥♥♥♥

不想與其溝通的星座與命格

（天蠍座・機梁）

（天蠍座・機梁）的人陰險、愛耍弄口舌，（雙魚座・武相）的人不想應付，彼此看不慣。

雙魚座＋武貪命格的人

命運特質

（雙魚座・武貪）的人，生於氣候是雨水到春分間的日子，在農曆一、二月間的春日木旺之時，武曲屬金，春金休囚衰弱，貪狼屬木，木氣旺。此命格的人，有特佳的運氣。可是此種好運氣是一種機會，並不一定全然顯現在財運上，會是工作運、讀書運、或戀愛運，因為財運有點虛弱被剋。是故你的人生經歷都超順利。也容易有貴格。

（雙魚座・武貪）的人，爆發運超強，命格中帶火的人爆發運超強。有貴格的人，能升官發財。或做大企業集團老闆。但會大起大落。爆發運在牛、羊年。是人生勝利組。（雙魚座・武貪）的人，家庭、事業、配偶運都好，好運不斷。只有壬年和癸年生人命運稍差。

戀愛運

（雙魚座・武貪）的人，喜浪漫，愛幻想，脾氣古怪，會晚婚。你們是真正的戀愛獵人。等你認定了戀愛對象，很難改變。你的眼光超準，配偶也會是理財能力及存錢的高手。

金錢運

（雙魚座・武貪）的人，性格吝嗇，工作運超好，賺錢快速，但理財能力不佳。配偶會幫他存錢理財。牛、羊年的爆發運，你會大發財富。兔、雞年是爆落年，易失去財富。雖然貪狼主運氣不主財。但打拼力加爆發運很厲害。若有連續好的大運時，億萬富翁就非他莫屬。

事業運

（雙魚座．武貪）的人，工作運超好。喜歡奔波，爆發運在牛、羊年，先爆發在事業上得財，事業擴充，愈做愈大，再轉而發大財。雙魚座的你們易多愁善感，也喜歡投資，但會內心矛盾。你們想超越別人而成功的想法，必須再加把勁才行。命格中有貴格的人，事業會是國際級的大企業。

健康運

（雙魚座．武貪）的人，身體極佳。但要小心肺部、支氣管炎、大腸、消化系統的問題，以及心臟病、高血壓，頭痛症。還有四肢酸痛的問題。

磁場相合的星座與命格

（巨蟹座．紫殺）♥♥♥♥♥

（處女座．天同）♥♥♥♥

（天蠍座．太陰）♥♥♥♥

（寶瓶座．武曲）♥♥♥♥

不想與其溝通的星座與命格

（巨蟹座．同巨）

（巨蟹座．同巨）的人會嫉妒好運的人，（雙魚座．武貪）的人，討厭是非纏身、彼此看不慣。

雙魚座＋武殺命格的人

命運特質

（雙魚座・武殺）的人，生於氣候是雨水到春分間的日子，在農曆一、二月間的春日木旺之時，武曲屬金，七殺也屬金，春金休囚氣弱。此命格的人，有時懶洋洋，提不起勁。但性格溫和，喜幻想，有浪漫情懷。這些性格是與原本武殺命格脾氣剛毅有衝突的。因為生在雙魚座，命格中有木氣，容易有貴格。

（雙魚座・武殺）的人，富有同情心，易不切實際。坐命卯宮的人成就較好，運氣也較好，有『日月居旺』格局。酉宮坐命的人成就較差。因是『日月反背』格局。運氣也差。

（雙魚座・武殺）的人，從武職（軍警業）會有高官厚祿。做文職較窮。

戀愛運

（雙魚座・武殺）的人，你這個戀愛獵人很幸運，你一眼就看到自己喜歡的對象而認定了。戀愛運及配偶運很好。會找到聰明、可為好幫手的配偶。感情很穩定。對方也跟你相知相惜，相互扶持，幸福的過一生。

金錢運

（雙魚座・武殺）的人，財運不算好，手邊現金少。你要外出爭戰才能賺錢，沒有外出工作打拼就沒有薪資。做文職的人，薪資不豐。因此你們會吝嗇小氣，生活節儉，你們喜歡遠離世俗的生活。天性澹泊，多幻想，你們正直清高不在乎錢財。大運好時，也會有房地產及存款。雖物質成就不算大，但會生活無憂。注重功業。

事業運

（雙魚座・武殺）的人，工作運極好，又肯打拼，別人不肯做的事，你都肯做。做武職佳。有貴格的人，堅持努力，多辛苦一些、可做到高級官員或將領的職務。你們重視的是功勞和名聲，奮力工作，以追求高職位為人生目標。

健康運

（雙魚座・武殺）的人，健康不錯。但要小心膀胱、大腸癌、生殖系統、及下腹部寒涼的問題。女性也要小心乳癌、卵巢、子宮等問題。男性要小心輸精管、尿道、攝護腺等問題。

磁場相合的星座與命格

（巨蟹座・天府）♥♥♥♥♥
（處女座・紫破）♥♥♥♥
（天蠍座・紫府）♥♥♥♥
（寶瓶座・武府）♥♥♥♥

不想與其溝通的星座與命格

（牡羊座・巨門）

（牡羊座・巨門）的人衝動，得理不饒人，口才厲害，（雙魚座・武殺）的人難招架，彼此看不慣。

雙魚座＋武破命格的人

命運特質

（雙魚座・武曲、破軍）坐命的人，生於氣候是雨水到春分間的日子，在農曆一、二月間的春日木旺之時，武曲金在春天休囚，破軍屬水，春水也休囚氣弱。此命格的人，有時懶洋洋，身體會較弱。外型英俊挺拔，很迷人，有酷酷的魅力。喜歡學習。

（雙魚座・武破）的人，是性格活潑開朗，偶而有些衝動、本身是開創格局，生在雙魚座，愛幻想，才華洋溢。會有依賴心。你適合做武職軍警業，能運用聰明，生活無虞。但會即早退休。去過遠離世俗的生活。有貴格的人，學歷和工作成就會高。

（雙魚座・武破）的人，人生有一破，會破在身體或感情上。因為有木剋傷身，易生肝腎的問題。多保養為佳，有宗教信仰能有寄託。

戀愛運

（雙魚座・武破）的人，是愛情獵人，也會成為別人的獵物。愛幻想，喜浪漫，有同情心，更有自我犧牲精神，若對方長相好，又有讓人同情的故事，你會飛蛾撲火的前去犧牲奉獻。常和人有露水姻緣。要找到真愛過一生並不容易。是二婚、三婚的人。

金錢運

（雙魚座・武破）的人，財運較少。武職軍警業有固定薪水，生活無虞。

紫微＋水象星座
算命更準！

做辛苦工作能賺得較多。若有偏財運的人，會有大財富，但會婚姻不美。因為偏財格會在夫、官二宮出現。配偶性格古怪。婚姻不長久。

事業運

（雙魚座•武破）的人，事業運極好，會做運氣好、升官快的工作。做軍警業最好，或危險、智力付出多的情報蒐集人員。可做大官及最高領導人。也適合做企業拓展業務、或為救難工作。做文職做不長也不富，會不按牌理出牌，做出出格的事，會工作不穩定。做粗活及危險的工作能賺大錢。

健康運

（雙魚座•武破）的人，還算健康，要小心糖尿病、脾胃、內分泌及淋巴系統的病症、大腸癌。結石、傷災及車禍等。

磁場相合的星座與命格

（巨蟹座•天相）❤❤❤❤❤

（處女座•紫府）❤❤❤❤

（天蠍座•紫相）❤❤❤❤

（寶瓶座•廉府）❤❤❤❤

不想與其溝通的星座與命格

（牡羊座•同巨）

（牡羊座•同巨）的人只想佔便宜，（雙魚座•武破）的人受不了，會逃走或臭罵他，彼此看不慣。

雙魚座＋天同命格的人

命運特質

（雙魚座•天同）的人，生於氣候是雨水到春分間的日子，在農曆一、二月間的春日木旺之時，天同五行屬水，春水休囚衰弱。此命格的人，是外表溫和，活潑明朗，有時懶洋洋。腎臟較弱，易勞碌，要多休息。

（雙魚座•天同）的人，比別的命格是更會幻想，依賴心更強，同情心也更多的人。你們常因愛玩而勞碌消耗體能，使壽命不長。此命格的人最重要的要以『享福』為重。財福多的，享福多，生活品質好。財福少的，會窮。你們很有耐心去解決是非口舌。福星的天生本能就是能平復一切是非災難。最好命格中有天同化權，這是『黃袍加身』的天賦命格，能掌權主貴及主宰一切。更可輕鬆當上當權派的高官顯貴。

戀愛運

（雙魚座•天同）的人，是幻想派的戀愛獵人，你們是外貌協會，想自己選擇喜歡的美麗聰明對象。又很害怕被人要脅、控制，你們內心有秘密會與愛人、配偶保持距離，不坦誠。更擔心有恐怖情人會傷害你。你的戀愛是反復無常的。一會兒愛，一會兒要分手。

金錢運

（雙魚座•天同）的人，財運有口舌是非，有些人撒嬌就有父母長輩給錢生活。某些人須自己賺錢。你們不想浪費太多時間工作，只想享受生活玩樂。是薪水族格局。

事業運

（雙魚座・天同）的人，普通人會做上班族。有『天同化祿』的人，人緣好，錢會送上門，三天打魚兩天曬網的做業務工作也好。有『天同化權』的人，別人會送給你做老闆，這是『黃袍加身』命格使然。你能排解糾紛，成為掌權的合夥人。你也必須有經營能力。命格中有貴格的人，較會做教師、高知識層級的人。你們喜歡更多的休閒時間，會過遠離世俗的生活，開鄉間民宿也不錯。

健康運

（雙魚座・天同）的人，大致健康，但要小心肺部、支氣管炎、大腸、免疫能力下降、糖尿病、皮膚病、肝腎、腰痠背痛、四肢無力等問題。

磁場相合的星座與命格

（巨蟹座・天相）♥♥♥♥♥
（處女座・天府）♥♥♥♥
（天蠍座・天梁）♥♥♥♥
（寶瓶座・同梁）♥♥♥♥

不想與其溝通的星座與命格

（摩羯座・巨門）

（摩羯座・巨門）的人會一方面挑剔你工作，又放任你玩耍，前後態度不一。（雙魚座・天同）的人容易被挑剔，內心不服，會相互指責。

雙魚座＋同陰命格的人

命運特質

（雙魚座‧天同、太陰）的人，生於氣候是雨水到春分間的日子，在農曆一、二月間的春日木旺之時，天同和太陰五行屬水，春季休囚衰弱。故此命格的人，有點懶洋洋，提不起勁。你們超級喜歡談戀愛。平時就愛幻想，喜浪漫，同情心爆表。平常才華洋溢，能適應環境和不同立場。雙魚座的同陰坐命者很有魅力，活潑明朗，愛好藝術，有時會多愁善感，很濫情。你們很富同情心，有時也會自我犧牲，會在付出與回報上能找到自我安慰的平衡點。

（雙魚座‧同陰）的人，有貴格的人，會有成就。能有富貴。你們在丑、未年有偏財運，都有大發機會。

戀愛運

（雙魚座‧同陰）的人，你們一方面做戀愛獵人，一方面願意被狩獵。你們常運用戀愛技巧及機會來改變人生。因為你們的成就及財富會來自情人及配偶。多把握戀愛機會，成功人生會迅速展現。化幻想與浪慢於實際是你們重要的功課。

金錢運

（雙魚座‧同陰）的人，原本財運是薪水族。享福多的，有富裕的長輩及親友資助你金錢。享福普通的須要工作。有些人做公務員，或在企業上班，亦有做小三的，也會領工資。你們全部都在牛、羊年有爆發運，能多得財富。生活過得去，無虞。

事業運

（雙魚座‧同陰）的人，工作運是上班族格局。做公務員或職員領薪水過活較好。如果命格中有貴格的人，或有化權、化祿的人，會擁有成功事業。或可成為政府官員。普通人平凡過日子。

健康運

（雙魚座‧同陰）的人，身體健康。要小心肝腎的問題、眼睛不好，肺部及大腸問題。以及手足之災，還有傷風感冒、膀胱、乳癌、生殖系統的問題。

磁場相合的星座與命格

（巨蟹座‧太陽） ♥♥♥♥♥

（處女座‧機梁） ♥♥♥♥

（天蠍座‧陽梁） ♥♥♥♥

（寶瓶座‧巨門） ♥♥♥♥

不想與其溝通的星座與命格

（金牛座‧廉破）

（金牛座‧廉破）的人很摳門，不喜歡專門做夢的人，（雙魚座‧同陰）的人與他不合，彼此看不慣。

雙魚座＋同梁命格的人

命運特質

（雙魚座‧天同、天梁）的人，生於氣候是雨水到春分間的日子，在農曆一、二月間的春日木旺之時，天同五行屬水，春水休囚故氣弱。天梁屬土，在春土也休囚氣弱。故此命格的人，本命是土蓋住水，又氣弱。身體較弱。表面上是聰明、多幻想，心地好，但常是懶洋洋的，提不起勁。常東忙西忙，忙些與自己無關的事。

（雙魚座‧同梁）的人，喜閒聊。富有同情心，好似有犧牲精神，其實並不見得。遇見麻煩的人，他會跑得很快。

在寅宮坐命的人，能有蔭庇，生活優哉。申宮坐命的人，無蔭庇，生活較差。有貴格的人，能做公務員或大機構上班，生活較好。

戀愛運

（雙魚座‧同梁）的人，是戀愛獵人，喜歡聰明愛表現的對象。喜歡自己挑選及捕獵情人。因為你們希望少打拼二、三十年，會找富裕、會賺錢的對象結婚。婚後，還是繼續不放棄狩獵戀人的人。

金錢運

（雙魚座‧同梁）的人，是普通薪水族格局。原生家境較窮，父母是公務員或打工族，但你會找有錢的配偶或朋友來幫忙。或到配偶家生活得到財富。

事業運

（雙魚座‧同梁）的人，做幻想多、變化多或東奔西走的工作較好，較有前途。你喜歡聊天，也喜歡有辯才的人，厲害的可做發明家、教書、或做旅遊業、銀行職員。但責任感不佳，難當大任。也會因同情心太多而壞事。不可自己營業做生意或設立公司，以防損失欠債，或倒店。

健康運

（雙魚座‧同梁）的人，身體健康，但要小心脾胃的毛病、腎虛、糖尿病、免疫能力失調、大腸、及肺部、氣管炎、感冒等疾病。

磁場相合的星座與命格

（巨蟹座‧太陰）♥♥♥♥♥

（處女座‧天機）♥♥♥♥

（天蠍座‧太陽）♥♥♥♥

（寶瓶座‧巨門）♥♥♥♥

不想與其溝通的星座與命格

（處女座‧武府）

（處女座‧武府）的人是對金錢小心的人，不喜歡與陌生人投資。（雙魚座‧同梁）的人愛閒扯、牽拖、拉關係，彼此看不慣。

雙魚座＋同巨命格的人

命運特質

（雙魚座．天同、巨門）的人，生於氣候是雨水到春分間的日子，在農曆一、二月間的春日木旺之時，天同和巨門都是五行屬水，春水休囚氣弱。此命格的人，會身體稍弱，易生病，常感冒身體不爽快，懶洋洋。

（雙魚座．同巨）的人，幻想多，好似富同情心，自己也無能為力。喜歡旅遊和沉溺於浪慢，較濫情，好奇心重。家中父母會照顧你們。與兄弟不和。你的工作能力也不強。命宮在丑宮的人，會有對你好的高薪配偶。有貴格『陽梁昌祿格』及『明珠出海』格的人，會有高成就與較富貴的人生。（※『明珠出海』格請參考法雲居士所著《使你升官發財的『陽梁昌祿格』》一書。）

戀愛運

（雙魚座．同巨）的人，是超級戀愛獵人，很浪漫及濫情。很會尋找狩獵戀愛對象，找到長期飯票。你們特別會哄人，更會巴結顯貴朋友，能找到高薪上班族的好對象，一生不用愁。

金錢運

（雙魚座．同巨）的人，因財帛宮是空宮，官祿宮是天機居平，財官二位都不好。喜歡玩樂享福。父母及配偶會提供錢財生活。若生活不順，必須自己賺錢，就會工作難長久，會做做停停，斷斷續續，為吃飯而辛苦。基本上你們是錢財不豐的人。順利時要多存錢才行。

事業運

（雙魚座・同巨）的人，算是是薪水族模式，沒有事業運的人。通常不工作享福愛玩樂。若流年不佳，會做打零工或臨時幫忙性質的工作。也會做沒有職稱的工作。工作常懶惰馬虎，常遭人檢舉或訴病，會被辭掉。你們適合做簡單只用嘴的工作，例如旅遊業、遊樂園員工、門房、大樓管理員、倉庫管理等工作。有貴格的人會當教授地位高。

健康運

（雙魚座・同巨）的人，身體健康也差。年輕時還好。中年以後要小心內分泌有問題、淋巴系統的病症，或心臟病、膀胱、腎臟、生殖系統的開刀手術。

磁場相合的星座與命格

（巨蟹座・太陰）❤❤❤❤❤

（處女座・紫府）❤❤❤❤

（天蠍座・天機）❤❤❤❤

（寶瓶座・太陽）❤❤❤❤

不想與其溝通的星座與命格

（巨蟹座・武府）

（巨蟹座・武府）的人很會賺錢存錢，看不慣靠人吃飯的人。（雙魚座・同巨）的人討厭他們的傲慢，嫉妒與自卑，彼此看不慣。

雙魚座＋廉貞命格的人

命運特質

（雙魚座・廉貞）的人，生於氣候是雨水到春分間的日子，在農曆一、二月間的春日木旺之時，廉貞屬火，生於雙魚座，木氣生火旺。此命格的人，會心氣大、脾氣大、理想多，因為命格中有木氣，愛讀書好學。聰明多智謀。你們超愛競爭，拼鬥，愛好謀略。個性剛烈，會慢吞吞思考很久，做決定也慢吞吞。內心略有險詐，經常活在經營謀劃之中。若有文昌居旺同宮或相照的人，是重禮假斯文的人。

（雙魚座・廉貞）的人，對政治有強烈喜好，並積極參與。你們的財運都超好，易有爆發運。事業運也順利。有貴格的人，會事業成就高，能做官。

戀愛運

（雙魚座・廉貞）的人，是強勢的戀愛獵人。對喜歡的對象會強娶豪奪。會獵捕心儀對象。絲毫不論對方是否對自己有興趣，堅持要追到手，令人傷腦筋。但你會缺乏情趣和不耐煩，特別注重性愛關係，達到目的後，很快離開。更可能公事私事同時進行，毫不浪費時間。令戀愛對象失望。

金錢運

（雙魚座・廉貞）的人，財運頗

好。善於營謀計劃賺錢的事，特別會經營人脈、拉攏關係來找通路，創造財富事業。你們富於行動力，善理財，肯多積蓄，中年便能富有。

事業運

（雙魚座・廉貞）的人，事業運也極好。你們喜歡政治，具敏感力又積極，會利用政治力量賺錢。有貴格的人會成為政治強人或大企業老闆。一般普通人會做小商人。或做公務員、機關的主管。可當政府中級或高等官員。

健康運

（雙魚座・廉貞）的人，身體康健，很耐操。但要小心肝腎和消化系統的毛病。要小心糖尿病、胃病、以及血液太濃或其他血液問題，常捐血會健康。

磁場相合的星座與命格

（巨蟹座・紫微）♥♥♥♥♥
（處女座・天相）♥♥♥♥
（天蠍座・武府）♥♥♥♥
（寶瓶座・貪狼）♥♥♥♥

不想與其溝通的星座與命格

（射手座・同巨）

（射手座・同巨）的人愛玩、愛享受，花錢多，不事生產。（雙魚座・廉貞）的人覺得他沒用，彼此看不慣。

雙魚座＋廉府命格的人

命運特質

（雙魚座・廉貞，天府）的人，生於氣候是雨水到春分間的日子，在農曆一、二月間的春日木旺之時，廉貞屬火，生於雙魚座木生火旺。天府屬土，春土休囚氣弱。此命格的人，營謀能力及經營關係有一些，儲存錢財的能力較弱。

（雙魚座・廉府）的人，愛幻想，喜浪漫，又富同情心，稍具交際能力，會和人做聯盟來賺錢。你們能不顧立場、可打破一般世俗觀念來賺錢。但婚姻運不佳，會擁有價值觀相異的配偶，有多次婚姻。你和原生家庭中的父母、兄弟感情佳，子女是乖巧無用的人。此命格的人難有貴格。追求財富是一生的目的和使命，但你喜歡遠離世俗的生活。

戀愛運

（雙魚座・廉府）的人，戀愛不順利。你是戀愛獵人，愛誇耀財富找對象，結果找到愛花錢、愛享受、懶惰又價值觀差異大的情人或配偶，無法白頭到老。會二婚、三婚。老年放棄追求，會孤獨終老。

金錢運

（雙魚座・廉府）的人，財運超好。既會賺錢也會存錢。你們喜愛購買精品，美食。你們超有賺錢謀略。容易看似有錢，是手上現金多的狀況，但家中財庫空空，亦會房地產留不住。你經常把錢財寄放在他人名下，有時也可能要不回來。

事業運

（雙魚座・廉府）的人，事業運特好，愛賺錢也愛享受。可做政治業、銀行業、金融業、保險業都會成功。你們本命有蔭庇，年紀大的長輩型朋友會照顧你們。你們一生專心在賺錢，在政界做人物，也是在加強財富。此命格的人難有貴格，學歷多不高。先富，再主貴。但最終是賺更多的財富。若命中財富少的人，會做公務員。

健康運

（雙魚座・廉府）的人，身體健康。但要小心手足之傷、肝腎毛病、子宮、輸卵管、輸精管、攝護腺等問題。也要小心血液及車禍傷災的問題。

磁場相合的星座與命格

（巨蟹座・武相） ♥♥♥♥♥

（處女座・紫微） ♥♥♥♥

（天蠍座・陽梁） ♥♥♥♥

（寶瓶座・七殺） ♥♥♥♥

不想與其溝通的星座與命格

（牡羊座・機梁）

（牡羊座・機梁）的人衝動話多，又愛出餿主意，又會鼓動人。（雙魚座・廉府）的人屢次上當失財，痛恨不已，彼此看不慣。

雙魚座＋廉相命格的人

命運特質

（雙魚座‧廉貞、天相）的人，生於氣候是雨水到春分間的日子，在農曆一、二月間的春日木旺之時，廉貞屬火，生於雙魚座春木生火旺。天相屬水，春水休囚氣弱。此命格的人，營謀計劃多一點，享福稍少一點，你會勞碌，愛東跑西跑。人生起落變化多一些。

（雙魚座‧廉相）的人，本命原本是來平復紛爭人禍，改善家庭經濟的。你們外表忠厚，有同情心。也溫和，能調停事務，調解家庭及朋友間的不和關係。你自己的運氣都比兄弟和朋友好，能排解紛爭。長輩特別喜歡你。你生活順利有福可享，還有爆發運會發。配偶會嘮叨，但可白頭到老。

戀愛運

（雙魚座‧廉相）的人，幻想多、愛浪漫，仍然對異性不了解，但是個好脾氣的人，容易被異性戀愛獵人給狩獵。親朋好友會找到你為對象。但你仍然戀愛技巧不佳，會讓配偶生氣。老年時會聽話，才會幸福。

金錢運

（雙魚座‧廉相）的人，財運不錯，還算會賺錢。但不重錢財。偶而能做賺錢的工作來賺錢。喜歡做金融業，或百貨業。在龍年、狗年有爆發財運，可獲得大財富。你們較會存錢，但喜歡遠離世俗的清靜生活。

事業運

（雙魚座・廉相）的人，天生事業運形成『武貪格』暴發運。工作上易發大財，只要流年走到龍年、狗年，就會有爆發的好機會。又生於雙魚座木生火旺，爆發力稍強。得到大財富的機會也多一些。有貴格的人，前途更旺暢。

健康運

（雙魚座・廉相）的人，大都身體健康。但要小心手足之傷，肝腎較弱、火旺的毛病。大腸癌、糖尿病、免疫能力較差，以及血液的問題。地中海型貧血等。命宮有擎羊同宮或相照的人，有『刑囚夾印』格，會有兔唇、傷殘，需要多次開刀手術。

磁場相合的星座與命格

（巨蟹座・武曲）♥♥♥♥♥
（處女座・紫府）♥♥♥♥
（天蠍座・天相）♥♥♥♥
（寶瓶座・天梁）♥♥♥♥

不想與其溝通的星座與命格

（天蠍座・陽巨）

（天蠍座・陽巨）的人，有計謀，會用是非糾紛賺錢。（雙魚座・廉相）的人常落入圈套，無法脫身，會立即衝突，彼此看不慣。

雙魚座＋廉殺命格的人

命運特質

（雙魚座・廉貞、七殺）的人，生於氣候是雨水到春分間的日子，在農曆一、二月間的春日木旺之時，，廉貞屬火，春木生火趨旺。七殺屬金，春金休囚較弱。火金也相剋。此命格的人，常覺得渾身不舒服，常懶洋洋，不起勁。

（雙魚座・廉殺）的人，性格愛幻想，多浪漫，是自以為浪漫。別人並不苟同。你們性格較溫和，內在頑固。與人關係普通。有『廉殺羊』在命格中的人，好競爭，易與人不和，自己也常心情不佳，身體有傷病。

（雙魚座・廉殺）的人，命格中有貴格的人，也有蔭庇。會有事業、地位，財官皆美。

戀愛運

（雙魚座・廉殺）的人，喜歡浪漫談戀愛，自己找對象。就算相親找對象，也能找到相合的好幫手為配偶，會幫你打理很多事務。你們感情很溫和講道理，也會相互幫忙扶持，配偶很乖巧聽話、會白首到老，愛情永住。

金錢運

（雙魚座・廉殺）的人，財運好運多，既愛節省又愛賺錢。你們無懼工作辛苦，能多賺錢就行。髒亂、危險的工作也能做，有高薪就好。做武職會賺得多，做文職較窮，職位低。

事業運

（雙魚座‧廉殺）的人，做武職軍警業最佳，再有貴格，能成為大將軍。做文職會錢少地位不高。作文職即使有貴格的人，也會不富裕。一般人會做雜亂、危險、髒亂、易受傷或衝鋒陷陣、急救災難的工作。既辛苦又勞碌，職位低。某些人會有高薪，卻易喪命。

健康運

（雙魚座‧廉殺）的人，身體表面不錯。但要小心心臟病、血液的毛病，血液有雜質或惡性貧血等等。還有肺部、大腸、膀胱、乳癌、子宮、手足傷及車禍的傷害。有『廉殺羊』格局的人易車禍喪命。

磁場相合的星座與命格

（巨蟹座‧天府）♥♥♥♥♥
（處女座‧紫相）♥♥♥♥
（天蠍座‧天相）♥♥♥♥
（寶瓶座‧武破）♥♥♥♥

不想與其溝通的星座與命格

（雙魚座‧機梁）

（巨蟹座‧巨門）的人口舌是非嚴重，不喜負責任。（雙魚座‧廉殺）的人常在工作上被害吃虧，只能不理他抵制他，彼此看不慣。

雙魚座＋廉貪命格的人

命運特質

（雙魚座‧廉貞、貪狼）的人，生於氣候是雨水到春分間的日子，在農曆一、二月間的春日木旺之時，廉貞屬火，春木生火旺。貪狼屬木，也木旺。此廉貪命格的人，生於雙魚座算是旺一點的。你們會讀書，愛學習，愛幻想與浪漫的事，工作事業也會有成就。通常你們人際關係不佳，但你會自由自在，運氣比其他星座的人要好很多。

（雙魚座‧廉貪）的人，外型俊俏。喜愛酒、色、財、氣，常變換情人。你們很富有同情心，也有犧牲精神。你們的出生時間較差，家庭不和，因此對家庭幸福很嚮往。你會歷經辛苦，中老年時期才有新的幸福生活。

戀愛運

（雙魚座‧廉貪）的人，愛幻想與浪漫生活，常更換情人，總找不到你的菜。你們愛當戀愛獵人，歷經千辛萬苦，最後才會找到多金又對你好的配偶。甲年、庚年生人，有『武殺羊』格局，會家宅不寧、夫妻不合、事業敗壞的問題。

金錢運

（雙魚座‧廉貪）的人，會辛苦賺錢，愛花錢。愛買高級品。你們做軍警職較佳，有固定薪資。其他做辛苦勞碌、粗重的工作，會賺錢多。你們愛為酒色財氣花錢。若有好配偶及親友的幫助，也能有幸福生活。

事業運

（雙魚座・廉貪）的人，有爆發運，做軍警業（武職）最佳。能升官快速，創造功績，能有高官厚祿。有『陽梁昌祿格』的人，會有高學歷及高職位，做總裁或大官，財富與官位都高。若做電子業或吃技術飯，也能做主管。做文職的人會賺錢少，工作不長久。或打工生活、靠人吃飯養活。

健康運

（雙魚座・廉貪）的人，大致還健康，但要小心手足受傷，肝腎的毛病、大腸、神經酸痛、性病、及腸胃等消化系統的毛病。

磁場相合的星座與命格

（巨蟹座・紫微） ♥♥♥♥♥
（處女座・武殺） ♥♥♥♥
（天蠍座・廉相） ♥♥♥♥
（寶瓶座・天府） ♥♥♥♥

不想與其溝通的星座與命格

（獅子座・武相）

（獅子座・武相）的人愛講求公平，討厭瞎掰及不守規矩的人，（雙魚座・廉貪）的人油滑，愛講夢想，鑽漏洞，彼此看不順眼，不相往來。

雙魚座＋廉破命格的人

命運特質

（雙魚座・廉貞、破軍）的人，生於氣候是雨水到春分間的日子，在農曆一、二月間的春日木旺之時，廉貞屬火，生於雙魚座春火微弱。破軍屬水，春水休囚衰弱。此命格的人，幻想多，喜歡創業，也容易失敗損失。破費多。

（雙魚座・廉破）的人，有同情心，也肯犧牲，你們很聰明、有創意，本身外型好，說話有些狂妄，喜歡浪漫的事。生於雙魚座，喜歡選擇遠離世俗的生活。並不專注於成就大事業。但你們還是有暴發運，在牛、羊年會爆發。人生是大起大落。你們長期處在混亂及破破爛爛的、波瀾起伏的環境裡，你希望尋找幸福。有貴格的人仍會有大富貴。

戀愛運

（雙魚座・廉破）的人，你們多幻想，愛浪漫，仍做戀愛獵人。你會時常在找尋你的狩獵對象，一眼看中，一拍即合。很快發生關係。你易二婚、三婚。你喜歡有工作能力、會帶好運給你的人。討厭無用的人。你不受現實禮教與法規的約束。大膽乾脆，敢愛敢恨。

金錢運

（雙魚座・廉破）的人，財運頗佳，很捨得花錢。做軍警武職，錢財穩定，也容易爆發好運，財官都旺。做文職會窮。其實你們錢財事業的好運都多，須看工作頭腦能力好壞。具有專業知識與技術的人，賺錢超多。雙魚座的人會有特殊創意在賺錢進財上。做體力活的人也會生財多，但會有傷病問題。

事業運

（雙魚座‧廉破）的人，在事業上就具有爆發運，丑、未年有機會爆發，能發展大事業，使你突然發大財或升大官。你們超適合做武職，能得大富貴的機會很多。文職會窮，爆發機會少。你的事業運大起在丑、未年。大落在卯、酉年。命格中有貴格的人，知識水準高，但可能為窮儒色彩的人。會做大企業的老闆的人，是白手起家，辛勤努力的人。

健康運

（雙魚座‧廉破）的人，年輕時身體還好。中年以後會有病痛。要小心手足傷，肝腎問題、糖尿病、免疫能力失調、脾胃及大腸的毛病，也要小心淋巴系統和血液的問題。

磁場相合的星座與命格

（巨蟹座‧天相）♥♥♥♥♥

（處女座‧紫殺）♥♥♥♥

（天蠍座‧武貪）♥♥♥♥

（寶瓶座‧紫相）♥♥♥

不想與其溝通的星座與命格

（處女座‧陽梁）

（處女座‧陽梁）的人愛講究細節愛挑剔，（雙魚座‧廉破）的人不能忍受，相互指責。

雙魚座＋天府命格的人

命運特質

（雙魚座‧天府）的人，生於氣候是雨水到春分間的日子，在農曆一、二月間的春日木旺之時，天府五行屬土，春土休囚衰弱，故天府較弱。此命格的人，你的賺錢能力與存錢能力都會稍弱。

（雙魚座‧天府）的人，聰明、喜幻想，愛浪漫，會多愁善感，軟弱、不能面對現實。你會對人有同情心。略有犧牲精神，不那麼自私了。對人也不小氣了。你會有工作收入，喜歡跟人接觸。也照顧家人。你有一點依賴心，很能適應環境，也能容忍不同立場。你會有創造力和藝術才華。你們少有貴格，一生較重視錢財。但你更喜歡遠離世俗的生活，錢夠用就好。

戀愛運

（雙魚座‧天府）的人，外型俊俏，戀愛機會多，你們同時也是戀愛獵人。會自己狩獵喜歡的對象。但命運中主要破在戀愛和婚姻。總找到和自己性格及價值觀不一樣的人談情或做配偶。一生有多次婚姻，戀愛讓你們學習很多。學費也付得多。

金錢運

（雙魚座‧天府）的人，財帛宮必是空宮，官祿宮是天相。財運不一定好。你們聰明能幹，能找到賺錢工作，會積存錢財。雖是上班族的人，天天工作會順利。你們天性保守。慢慢存錢，發富指日可待。

事業運

（雙魚座・天府）的人，工作運是做料理一般事務或財務的工作。天府是財庫星，天生愛管錢。凡是與賺錢有關的事你們都有興趣。其他有關文書事務，你們也精通。如果要唱唱跳跳、演戲、跳舞、學口技等等能賺錢的事，你們也會拚命學習。你們愛賺錢，會竭盡聰明才智到極致。盡力達成到富翁等級。

健康運

（雙魚座・天府）的人，身體健康，要小心脾胃的問題、大腸癌，此外高血壓、心臟病、肝腎問題、手足傷、膀胱、生殖系統都要小心。

磁場相合的星座與命格

（巨蟹座・七殺）♥♥♥♥♥
（處女座・天相）♥♥♥♥
（天蠍座・紫殺）♥♥♥♥
（寶瓶座・武府）♥♥♥♥

不想與其溝通的星座與命格

（牡羊座・武破）

（牡羊座・武破）的人衝動又大手大腳，（雙魚座・天府）的人不想與之有瓜葛，彼此看不慣。

雙魚座＋太陰命格的人

命運特質

（雙魚座・太陰）的人，生於氣候是雨水到春分間的日子，在農曆一、二月間的春日木旺之時，太陰屬水，春水休囚衰弱。此命格的人會性格稍會懶洋洋，提不起勁。你特別愛幻想，有創意，易沉溺於浪漫。但會愛學習。也容易有貴格。如此，此人也會有高薪與財富。

（雙魚座・太陰）的人，也喜歡買房地產和土地，常為揹房貸而奮鬥。你喜歡遠離世俗的生活，經營民宿也會是你的喜好。此命格的人雖好酒、重感情，愛談戀愛。心情好時，對人體貼深情。心情不佳時，會六親不認。常為感情所困。此命格的人常與家中女性有衝突，但在外與異性相吸引。你們口才很好，做賺錢行業都易成功。有貴格的人，能做企業負責人、或大機構主管。做生意也能成功。

戀愛運

（雙魚座・太陰）的人，喜幻想、愛浪漫，喜談戀愛。隨時注意周遭可狩獵的對象。你們戀愛經驗豐富，可是婚姻未必會成功。你們有公主病或王子病，情緒易起伏不定，要找到會戀愛的配偶才行。你們常在失戀中成長。

金錢運

（雙魚座・太陰）的人，財運還不

錯，愛買房地產。愛存錢。會做薪水族。特別喜歡在銀行工作，或做房東收租金賺錢，超級重視和銀行的關係，你特別會藏私房錢，漸漸成為富翁。

事業運

（雙魚座・太陰）的人，會做上班族賺錢，接著再買房地產投資，這樣可存很多錢。你們超愛穩賺不賠的投資。喜歡做會計、出納、總務、文書等工作。其他如教師、保險經紀、開店，或大機構主管、負責人等。有貴格及有爆發運的人，富貴很大。

健康運

（雙魚座・太陰）的人，身體健康，但要小心脾胃、肝腎或淋巴系統的毛病。也要注意生殖系統、乳癌、子宮或精囊、性病、婦女病等問題。

磁場相合的星座與命格

（巨蟹座・太陽） ♥♥♥♥♥

（處女座・天機） ♥♥♥♥

（天蠍座・天同） ♥♥♥♥

（寶瓶座・天府） ♥♥♥♥

不想與其溝通的星座與命格

（處女座・廉府）

（處女座・廉府）的人性格吝嗇和很會存錢。（雙魚座・太陰）的人驚訝於有比自己還會存的人，彼此不相信。

雙魚座＋貪狼命格的人

命運特質

（雙魚座・貪狼）的人生於氣候是雨水到春分間的日子，在農曆一、二月間的春日木旺之時，貪狼屬木，故是木旺。此命格的人，擁有很多旺運，由其在夏天的火旺時期，更是爆發運極旺，好運不斷。你們是既聰明又反應快的人。

（雙魚座・貪狼）的人，愛幻想，喜浪漫，身材俊俏挺拔，風度翩翩。學習及讀書。也容易有『火貪格』而爆發財運。你們超容易有貴格，文質翩翩，成功的機會又比旁人大。但會帶有酒色財氣，喜賣弄風采。你們超討厭氣氛不好，稍有不好，就溜走，不喜得罪人。貪狼的人也特別貪心。愛做投機生意。享受也比別人多。

戀愛運

（雙魚座・貪狼）的人，是超級戀愛獵人。本身愛幻想、喜浪漫，外型俊美，一定要狩獵更高檔的獵物。你們會一起把眾多對象排列來供挑選。還能輕鬆的擁有自由之身。最佳選擇的是你的配偶是，他必是家世好、長相好、財多、人緣好，能幫助你事業的超級能手。你會晚婚，以享受多個情人的愛情滋潤。

金錢運

（雙魚座・貪狼）的人，財運很普

通，你們不會理財，花費大，耗財多。對錢財很貪心。有爆發運的人，能得大財富。無爆發運的人，會辛苦起起落落。你們要在35歲以後才會發，35歲前之前須忍受平凡與辛苦。結婚後，配偶會帶財富來，父母會給家產，再加上自己的努力，人生就富足了。

事業運

（雙魚座・貪狼）的人，愛幻想，不算勞碌。工作也不辛苦。做軍警武職最佳，爆發運爆發，財富會多。做文教業、教育業，教師或補習班，出版社等都適合。也可爆發，但財富較少。

健康運

（雙魚座・貪狼）的人，身體健康。但要小心消化系統的毛病，心臟病、高血壓，手足的問題，和性病。生殖系統的毛病。

磁場相合的星座與命格

（巨蟹座・武曲） ♥♥♥♥♥

（處女座・紫府） ♥♥♥♥

（天蠍座・七殺） ♥♥♥♥

（寶瓶座・紫相） ♥♥♥♥

不想與其溝通的星座與命格

（天蠍座・廉殺）

（天蠍座・廉殺）的人稍微陰險，會搶功搶錢，毫不放過。（雙魚座・貪狼）的人不想碰到他，逃之夭夭。

雙魚座＋巨門命格的人

命運特質

（雙魚座•巨門）的人，生於氣候是雨水到春分間的日子，在農曆一、二月間的春日木旺之時，巨門五行屬水，春水休囚氣弱。此命格的人會脾氣不好，懶洋洋，又勞碌多，也會眼睛及腎臟較弱，多勞累。

（雙魚座•巨門）的人，愛幻想、喜浪漫、愛講話，愛吃、喜歡挑剔找人毛病、也愛自誇，佔有慾很強。但有同情心，是非口舌多。多惹麻煩。此命格的人在出生的時候，父母遭災或窮到底了，須要靠你們日後來解決。你們一生麻煩事多，因此特別會解決問題，也具有特別大膽的膽識。你們須歷經千辛萬苦才有大成就。有貴格的人能有高學歷及大成就。有爆發運的人會大起大落。

戀愛運

（雙魚座•巨門）的人，愛幻想、喜浪漫，懂得戀愛術，戀愛運又超好。是天生的戀愛獵人。能用口才俘虜情人。你們喜歡擔當，愛照顧情人，更有逗情人開心的花招，你們超喜歡貼心的情人和配偶。命宮在亥宮、子宮的人能得妻財和夫財(配偶財)。

金錢運

（雙魚座•巨門）的人，是薪水族格局的人，要上班領薪水過日子。若你的聰明才智及貴格都強，能發展賺大錢的管道。富貴會很大。如果為一般薪水族的格局，用口才賺錢，也會賺很多。有爆發運的人會爆發大財富。某些人會有妻財、配偶財，可讓你們享受高級的物質生活。你們也特別喜歡遠離世俗的生活。

事業運

（雙魚座・巨門）的人，大致都是薪水族格局。命中有貴格及爆發運倆個條件都有的人會有高地位與大富貴。其他一般人做教書職、做民意代表，或牧師、保險經紀、政治人物、演說家、業務員等職，都會有一定的成就。

健康運

（雙魚座・巨門）的人，身體建康。但要小心消化系統的問題、淋巴系統、血液、尿道、及內分泌系統、耳朵、肝腎、心臟等問題。

磁場相合的星座與命格

（巨蟹座・太陰） ♥♥♥♥♥
（處女座・天機） ♥♥♥♥
（天蠍座・太陽） ♥♥♥♥
（寶瓶座・天相） ♥♥♥♥

不想與其溝通的星座與命格

（天蠍座・擎羊）

（天蠍座・擎羊）的人沉默陰險。

（雙魚座・巨門）的人無法溝通，磁場不同，彼此看不慣。

雙魚座＋天相命格的人

命運特質

（雙魚座‧天相）的人，生於氣候是雨水到春分間的日子，在農曆一、二月間的春日木旺之時，天相五行屬水，春水休囚衰弱，天相氣弱。此命格的人，性格有時急躁，有時懶洋洋。天相本是公道星，能調解糾紛做和事佬，此時管閒事管得少了，也能同情不同立場的人。

（雙魚座‧天相）的人，天相是勤勞的福星，會為環境中解決困難和麻煩。你們喜歡講求公平、公正，你喜歡幻想和浪漫，有同情心。很會適應環境，會怕惹事，很乖巧。很重視衣食享受。有擎羊剋制時為『刑囚夾印』格局，會吃虧上當，及易受傷而死，有此格局的人勿與他人起爭執。

戀愛運

（雙魚座‧天相）的人，愛幻想、喜浪漫。故很愛談戀愛。你們外在環境很複雜或不佳。也喜歡當戀愛獵人去狩獵對象。但遇到的都是老虎或鱷魚，常被吃掉。你們對愛情或情人不瞭解，最後都成了婚姻的犧牲品。

金錢運

（雙魚座‧天相）的人，財運不錯，還會存錢。你們愛理財，及整理東西，小心存錢儲蓄。做會計、仲介業或金融業都是好手。父母會照顧你們與給財產，是故生活無虞，很舒適。

事業運

（雙魚座・天相）的人，工作運普通，會斷斷續續，做做停停。但還都會有工作。你們容易幫老闆或同事擦屁股，及分配過多的工作。但你們會任勞任怨的完成。時常軟弱的你們，常是個老好人，容易被同事或屬下欺負。必須要強悍一點，事業才會成功。你們一向志向較低，只愛辛苦賺錢、存錢。不想當出頭鳥。所以很少當老闆。常做的工作有：解決及整理財務、管理倉庫及庫存、秘書、管家、修理或復建工作。

健康運

（雙魚座・天相）的人，身體健康。但要小心高血壓、貧血、泌尿系統、膀胱、內分泌系統、糖尿病、耳朵、腎臟、淋巴系統的問題。這些都和水被剋有關。

磁場相合的星座與命格

（巨蟹座・天府）♥♥♥♥♥

（處女座・破軍）♥♥♥♥

（天蠍座・天梁）♥♥♥♥

（寶瓶座・天同）♥♥♥♥

不想與其溝通的星座與命格

（雙子座・天機）

（雙子座・天機）的人是聰明過頭的人，（雙魚座・天相）的人常遭受挑剔，彼此看不慣。

雙魚座＋天梁命格的人

命運特質

（雙魚座‧天梁）的人，生於氣候是雨水到春分間的日子，在農曆一、二月間的春日木旺之時，天梁五行屬土，春土休囚衰弱。此命格的人，會蔭庇較弱，你們愛幻想、喜浪漫，不太管別人怎麼想，只喜歡躲在自已的牢籠裡。或嚮往過遠離世俗的生活。此命格的人，愛學習，易有貴格的『陽梁昌祿格』，會有高學歷及大成就。你們有正義感，性格厚重，固執己見，很有慈悲心。

（雙魚座‧天梁）的人，受上天蔭庇，故喜歡拜神信宗教。有貴格的人，能生活富裕、財官雙美。命宮居陷的人，會四處奔波，世界上到處玩耍或流浪。只要做工作就有飯吃。天梁是蔭星，會庇佑家庭及復建。

戀愛運

（雙魚座‧天梁）的人，也是戀愛獵人，經常追尋愛情，但愛情常受波折和競爭，你自己也心裏想得多。內心有許多小劇場。其實你們專愛麻煩古怪、難追的對象。婚後吵吵鬧鬧過日子。

金錢運

（雙魚座‧天梁）的人，財運是薪水族。你們的父母多半是公務員或薪水族，你們也願意跟隨做薪水族。喜歡努

紫微＋水象星座
算命更準！

力存錢及買房地產增加財富。有貴格的人會薪資高。具有偏財運的人，容易有大富貴。無貴格的人會做勞力工作。做房地產仲介十分適合。

事業運

（雙魚座・天梁）的人，工作運要看貴格有無來定。有貴格『陽梁昌祿格』再加太陽居旺的人，事業成功，會做大官或大機構老闆。無貴格的人，會做作家寫作、或做廟公等。太陽居陷的人，事業會斷斷續續。有爆發運的人會得到大富貴。慈善業或宗教家是最適合你們的行業。

健康運

（雙魚座・天梁）的人，身體不錯，會長壽。但要小心脾胃問題、肺部、支氣管炎、感冒、大腸、腎臟、糖尿病、免疫能力等問題。

磁場相合的星座與命格

（巨蟹座・天機）❤❤❤❤❤

（處女座・太陽）❤❤❤❤

（天蠍座・太陰）❤❤❤❤

（寶瓶座・天同）❤❤❤❤

不想與其溝通的星座與命格

（雙子座・破軍）

（雙子座・破軍）的人超聰明又大膽，會鼓動別人做危險的事。（雙魚座・天梁）的人不想擔心受怕，人生觀和價值觀不同，彼此看不慣。

雙魚座＋七殺命格的人

命運特質

（雙魚座・七殺）的人，生於氣候是雨水到春分間的日子，在農曆一、二月間的春日木旺之時，七殺屬金，春金休囚氣弱。此命格的人，急躁強悍的性格變溫和，常會懶洋洋。會肝腎弱。

（雙魚座・七殺）的人，愛幻想，喜浪漫。增加勞碌，幼年腸胃不好，多感冒，成年以後會變好。一生奔忙，外傷多。你們表面上愛賺錢，喜歡為錢勞碌。其實你們愛過遠離世俗的生活，或活在幻想與浪漫裡。此命格的人，較一般七殺命格的人多用頭腦少蠻幹。喜歡自己做主，不想被人管，喜歡當老闆。也不想多管事。你們少有貴格，也智謀欠佳，且雙魚座不喜負責任，成功機會會減半。

戀愛運

（雙魚座・七殺）的人，愛幻想，喜浪漫，是超級戀愛獵人。愛一見鍾情的戀愛。會速戰速決的戀愛與婚姻。分手亦很乾脆。你們會挑選性格爽直的人做配偶。你們有一流的眼光，配偶運也一流的好。

金錢運

（雙魚座・七殺）的人，財運極佳。很多人有爆發運，你們特愛賺錢，喜歡優質生活。但很現實吝嗇。只為自己賺錢打拼。父母會留很多的財產給你們。你們多為富翁級的人才。

事業運

（雙魚座‧七殺）的人，事業運特佳，只做愛做的工作，不怕艱辛困難，你們天生愛冒險犯難。做軍警武職會有大富貴。做文職較窮發展少。命格中有爆發運的人，會有大財富。此命格的人少有貴格，你們是主富不主文貴的人。多往政治或財富上發展為佳。

健康運

（雙魚座‧七殺）的人，幼年身體較弱，常感冒或生小病。長大慢慢變好。但要小心傷災、車禍，以及大腸癌、肺癌、乳癌，支氣管炎、免疫能力等的問題。頭痛及高血壓、肝腎等問題。

磁場相合的星座與命格

（巨蟹座‧武府）♥♥♥♥♥

（處女座‧紫府）♥♥♥♥

（天蠍座‧紫相）♥♥♥♥

（寶瓶座‧天府）♥♥♥♥

不想與其溝通的星座與命格

（雙魚座‧天機）

（雙魚座‧天機）的人超聰明，情緒多變，口舌是非多，會變著方法整人。（雙魚座‧七殺）的人，無法應付，特別痛恨，彼此看不慣。

雙魚座＋破軍命格的人

命運特質

（雙魚座‧破軍）的人，生於氣候是雨水到春分間的日子，在農曆一、二月間的春日木旺之時，破軍五行屬水，春水休囚，破軍氣弱。此命格的人，會脾氣不好，又懶洋洋。肝腎弱。雖聰明，愛讀書學習，工作上不積極時常懶惰。

（雙魚座‧破軍）的人，愛幻想、喜浪漫，有時多愁善感，很濫情，某些時候有些軟弱。你們天性就是不按牌理出牌，十分隨性的樣子。有時很有同情心、也容易遭人利用或遭騙。你們自以為很有犧牲精神，能找到自我安慰的平衡點。你們愛好藝術，有創造力。但個性反覆，變化很快、疑神疑鬼。雖才華洋溢，物質成就不大。有爆發運的人可發富。愛文藝活動者，易為窮儒之人。

戀愛運

（雙魚座‧破軍）的人，大膽、聰明、花樣多，是超級戀愛獵人。直接狩獵戀愛對象，你們不被禮教觀念所束縛，打破一切正常的規範。重視性愛關係。愛的轟轟烈烈，有多樣結果。

金錢運

（雙魚座‧破軍）的人，要強力打拼去賺才會有。你們耗費錢財很多，卻未必會賺錢。命格中有文昌或文曲的人，是外表俊美但窮命的人。一輩子常鬧窮。要靠別人養。你們無法學會理財。但有爆發運的人會發富一段時間。

事業運

（雙魚座・破軍）的人，工作上有好運，勞碌可多賺錢財。要不怕雜亂、複雜，或明爭暗鬥的工作。武職軍警業最佳，能升官發財。其次是工程類。命格中有昌、曲的人，較不屑於做低下或髒亂的工作，因此容易窮。有爆發運的人，肯做冒險犯難的工作，事業會愈來愈成功。但容易大起大落。

健康運

（雙魚座・破軍）的人，還算健康，中年以後有病災、傷災、車禍、開刀等事。也要小心淋巴系統、泌尿系統、內分泌系統、糖尿病等的問題。

磁場相合的星座與命格

（巨蟹座・廉相）♥♥♥♥♥
（處女座・太陰）♥♥♥♥
（天蠍座・紫相）♥♥♥♥
（寶瓶座・貪狼）♥♥♥♥

不想與其溝通的星座與命格

（巨蟹座・武府）

（巨蟹座・武府）的人很小器吝嗇，愛存錢，討厭耗財的人，和（雙魚座・破軍）的人彼此看不順眼，價值觀也不同，彼此看不慣。

雙魚座＋祿存命格的人

命運特質

（雙魚座・祿存）的人，生於氣候是雨水到春分間的日子，在農曆一、二月間的春日木旺之時，祿存五行屬土，春土休囚氣弱。此命格的人，性格溫和，軟弱，表面老實，明朗。但本命依然有『羊陀相夾』，有被受欺凌的感覺。本身有很深的自卑感，與內心障礙。

（雙魚座・祿存）的人，愛幻想，喜浪漫，會喜歡學習及讀書。有貴格『陽梁昌祿格』的人，財會有大發展。你們外號是『小氣財神』。其實是守財奴，很吝嗇小氣。在青少年以前都十分辛苦。中年時才順利。愛存錢，能累積生活中的財富。命格中有貴格的人，能辛苦讀書有成，稍有成就。但你們喜歡遠離世俗的生活。因此做公務員及大企業上班最合適，會勤勤懇懇的到退休。

戀愛運

（雙魚座・祿存）的人，你們愛幻想，喜浪漫，但本性小氣吝嗇，對戀愛會精打細算，不捨得花錢請客，幻想著等對方請客，或各付各的。你們多半相親結婚，有時決定結婚了，對方也會被你的吝嗇嚇退或爭吵。婚後因金錢吵鬧，甚至離婚。此命格的人，不婚族居多。有些也是幼年身體不好，荷爾蒙不足之故。

金錢運

（雙魚座・祿存）的人，財運還好，自己賺衣食之祿。有『陽梁昌祿格』

的人會財官雙美。中、晚年會得到長輩的財產。你們愛『錢』比愛人多，把錢看得很親，財產易被國家徵收。

事業運

（雙魚座・祿存）的人，工作努力，並無什麼大事業，能安份守住工作崗位，才華洋溢與專業技術，無可取代。任勞任怨，不隨意請假或辭職。會深得老闆信賴。命格中有貴格的人，會做高知識、高技術的工作，工作到老。此命格的某些人也會有爆發運，但你們一定會守住秘密。會默默的存起來，不會分給他人。

健康運

（雙魚座・祿存）的人，幼年身體不佳，經常生病。青少年以後慢慢變強壯。你們多半腸胃不好，幼年常感冒，因此要小心肺部、氣管、大腸癌、頭部、免疫能力和脾胃的毛病。

磁場相合的星座與命格

（巨蟹座・紫相） ♥♥♥♥♥

（處女座・武曲） ♥♥♥♥

（天蠍座・武府） ♥♥♥♥

（寶瓶座・天府） ♥♥♥♥

不想與其溝通的星座與命格

（天蠍座・廉府） ☃

（天蠍座・廉府）的人也很小器但有計謀，善外交，（雙魚座・祿存）的人吝嗇又愛嫌棄人，價值觀不同，彼此看不慣。

雙魚座＋擎羊命格的人

命運特質

（雙魚座・擎羊）的人生於氣候是雨水到春分間的日子，在農曆一、二月間的春日木旺之時，擎羊五行屬金，春金休囚，擎羊氣弱。此命格的人，脾氣沉靜，有時懶洋洋，頭腦聰明，愛讀書學習。

（雙魚座・擎羊）的人，愛幻想，喜浪漫。表面溫和，私下會霸道，強勢。稍愛競爭。喜愛夢想，愛好藝術。個性敏感。出生時會讓母親流血很多，有些母親會因生產而亡。此命格的人，頭臉容易有破相，身體有傷。命格中有貴格的人，可學歷高，得到高地位與富貴。但容易大起大落分。有爆發運的人會有大富貴，易不長久。你更喜歡遠離世俗的生活較愉快。

戀愛運

（雙魚座・擎羊）的人，愛幻想，喜浪漫。但是可怕的愛情獵人。佔有欲特強。凡是你想得到的，會幻想得到。有時會發狂的夢想得到獵物。易成為恐怖情人。雖然你們有浪漫情懷，為愛人犧牲奉獻。不愛時就棄之如蔽履，或欲其死，你們會選擇特優對象做配偶。

金錢運

（雙魚座・擎羊）的人，財運常不順。工作常斷斷續續，或遭到無薪假，常有窮困的時候。也有人懶惰不工作，也有人會積極賺錢。三把刀是你們賺錢工具，如菜刀、剃頭刀、縫衣剪刀會為你們創造財富。做武職財富地位更大。

事業運

（雙魚座・擎羊）的人，事業運要做三把刀的行業，更要做軍警業會賺到錢。做文職會窮。其他做雜亂的行業，如喪葬業、垃圾處理、車禍血光、災害救援及解決善後等行業。賣刀劍、兵器的店、廚師、理髮師的店，或做外科醫生，為人開刀，或醫療品買賣、以及競爭者多的行業皆可。

健康運

（雙魚座・擎羊）的人，是幼年不好養，長大後身體變好。出生時就會讓母親大出血，幼年身體不佳，多傷災、常生病。長大後也要小心車禍、外傷、頭面破相，肝腎的毛病、眼睛不好，容易有開刀現象，肺部、大腸，免疫能力、肝癌、大腸癌等問題。

磁場相合的星座與命格

（巨蟹座・天同）♥♥♥♥♥
（處女座・天相）♥♥♥♥
（天蠍座・紫微）♥♥♥♥
（寶瓶座・天梁）♥♥♥♥

不想與其溝通的星座與命格

（牡羊座・天同）

（牡羊座・天同）的人很衝動，表面溫和軟弱，（雙魚座・擎羊）的人像把刀，又像尖針，既會劫財又刺人，前者會躲避他，彼此看不慣。

雙魚座＋陀羅命格的人

命運特質

（雙魚座•陀羅）的人，生於氣候是雨水到春分間的日子，在農曆一、二月間的春日木旺之時，陀羅五行屬金，春金休囚，陀羅氣弱。此命格的人，會表面溫和，但有時懶洋洋。

（雙魚座•陀羅）的人，愛幻想，喜浪漫。有時會幻想自己出身豪門，或擁有大事業，令人感覺他多半有精神問題。此人必須離鄉發展，才會有新人生。你們容易相信陌生人，不相信家人，很多被騙、走失兒童都是此命格的人。你們一生是非多，常做宵小盜竊之事，也易吸毒、犯案，惡事做盡。還會記恨報復，少有貴格。此命格的人，做軍警業可出人頭地。再有爆發運的人，富貴都有。

戀愛運

（雙魚座•陀羅）的人，婚姻未必順利，別人總嫌你笨，或是嫌你沒錢。即使談論婚嫁貨是拖拖拉拉結不成婚。即使婚後，夫妻常打架吵架，相互家暴，不安寧。你們無法找到契合的配偶。只有擎羊命格的人跟你們可『鐵杵磨成繡花針』會相合。

金錢運

（雙魚座•陀羅）的人，財運不佳，工作難長久，缺錢才工作，有一搭沒一搭，亦不會存錢。要做軍警業會有薪資或獎金，生活會順利。有爆發運的人，能得大財富。但很快會用光。

事業運

（雙魚座・陀羅）的人，做軍警業會穩定。做一般職務，會斷斷續續做不長。做文職會窮困，常失業中。若能有貴格的人可做大將軍。命格低者會做喪葬業、洗屍人或撿骨師。工作有一票沒一票、斷斷續續，有做就有吃的。

健康運

（雙魚座・陀羅）的人，健康尚可，頭面有破相，有牙齒的傷害、手足傷，肺部、氣管、大腸、免疫系統有問題，也易生癌症。如肺癌、大腸癌等，還有皮膚病或身上長瘤。

磁場相合的星座與命格

（天秤座・天同）❤❤❤❤❤
（獅子座・天梁）❤❤❤❤
（牡羊座・天相）❤❤❤❤
（寶瓶座・紫微）❤❤❤❤

不想與其溝通的星座與命格

（雙子座・天機）

（雙子座・天機）的人自己仗著聰明，排擠笨人。（雙魚座・陀羅）的人自卑又不想認輸，彼此看不慣。

好運跟你跑

法雲居士⊙著

在人一生當中，『時間』是個十分關鍵的重點機緣。每一件事情，常因『時間』的十字標、接合點不同而有不同吉凶的轉變。

當年『草船借箭』的事跡，是因為有『孔明會借東風』的智慧而形成的。在今時、今日現代科技的社會裡，會借東風的智慧已經獲得剖析，你我都可成為能掌握玄機的智者。

法雲居士再次利用紫微命理，為您解開每種時間上的玄機之妙。『好運跟你跑』的全新增訂版，就是這麼一本為您展開人生全新一頁，掌握人生中每一種好運關鍵時刻的一本書。

巨蟹座

（6 月 22 日~7 月 22 日）

巨蟹座・星座探秘

●位次與主管事項：

位於第四宮。主管生命開始與結束、家庭、父母、教育方式、房子、土地、生活方式等。

●精神能力與特質

具有高度想像力與母性或父性的本能、熱心、保護色彩濃厚、謹慎、愛家庭、愛國家民族、節儉、不屈不撓。
敏感、情緒化、外剛內柔、親和、謙恭。
有強烈防衛本能、不願私生活受到干擾。
溫和內向、不向惡勢力低頭。

熱心公益，自我意識強，有懷舊之心，十分傳統。
優點：重視責任，不願受人干涉。
缺點：敏感焦慮、容易入迷、近乎盲目。

●戀愛速配對象

第一名：天蠍座、處女座
第二名：雙魚座、摩羯座

●誕生石及幸運色及飾品

誕生石：珍珠
幸運色：銀色、藍綠色
幸運飾品：銀製飾品

●幸運旅行國家及城市

所屬國家與城市：蘇格蘭、荷蘭、紐西蘭、威尼斯、紐約、米蘭。

巨蟹座

（6月22日至7月22日）

巨蟹座＋紫微命格的人

命運特質

這個巨蟹座月份的紫微坐命者是節氣為夏至到大暑前的節氣、酷暑時節的人。紫微五行屬土，土在夏季特旺。故此命格的人，性格特別頑固，無法接受他人意見，始終認為自己是對的。做事方法一成不變，自我意識強，有懷舊之心，十分傳統。

（巨蟹座•紫微）的人，特別敏感，情緒化很嚴重，但重視責任。不願受人干涉。大致還受人尊敬。雖然你們的防衛心很強，但不會向惡勢利低頭。你們較容易焦慮，也容易入迷。喜歡主掌權力。命格中有貴格的人會有成就。否則只是普通小市民命格。

戀愛運

（巨蟹座•紫微）的人，重視家庭責任，選擇伴侶很慎重。不算是浪漫的戀愛高手，你們防衛心強，雖然內心一定要找有用的人做情人或配偶。還要長相好。但是最後是傳統的舊相識入選了。因為你自己就是傳統及懷舊的人，這樣你比較放心。

金錢運

（巨蟹座•紫微）的人，金錢運還

不錯。衣食順利。你們雖然愛享受，但只重衣食的基本需求。命格中有『火、鈴貪格』爆發運的人，能大富。否則只是一般普通老百姓的用度。

事業運

（巨蟹座・紫微）的人，事業運平平，會做公務員，或上班族，收入固定。你們專挑不必用太多大腦的工作。事少離家近。在機關或企業中做小主管，慢慢升職，等領退休金。你們注重家庭，不想太辛苦操勞的打拼，要小心賭博或投資失敗。因為你們容易入迷，近乎盲目。多儲蓄存錢，享受生活小確幸就好。

健康運

（巨蟹座・紫微）的人，身體健康，縱使有小病也會找名醫醫治。偶而會有感冒或脾胃、消化道的小毛病。真正要小心心臟病、高血壓、腦溢血、中風等問題。

磁場相合的星座與命格

（天蠍座・武曲）♥♥♥♥♥

（處女座・天府）♥♥♥♥

（雙魚座・貪狼）♥♥♥♥

（摩羯座・天同）♥♥♥♥

不想與其溝通的星座與命格

（牡羊座・巨門）

（牡羊座・巨門）的人，衝動愛管人，又喜歡不停聊天，（巨蟹座・紫微）的人嫌煩，彼此看不慣。

巨蟹座＋紫府命格的人

命運特質

（巨蟹座‧紫府）的人，是節氣為夏至到大暑前的節氣、酷暑時節的人。火氣重，『紫微．天府』都屬土，火土相生，因此土更旺。此命格的人，性格悶，因為土重，外表鈍鈍的。在財運與復建能力上都強。你們在性格上特頑固。但讓人信賴。在計算能力不佳與讀書差，但會有爆發運，能得大財富。

（巨蟹座‧紫府）的人，順時針行大運，命運較好的。逆行大運的人，會到中年才起好運。你們要和帶水多的人在一起，才會覺得好運多。和命格水多的人一起，會財多。此命格的人少有貴格，和命格屬木的人在一起，會聰明一點、從小愛賺錢。努力也能積存財富和房地產。

戀愛運

（巨蟹座‧紫府）的人，愛過平凡家庭生活，敏感而情緒化，不喜歡受人干涉。未必會製造浪漫的戀愛。會先從朋友關係開始，遵照傳統的戀愛模式，十分懷舊，也防衛心強，戀愛不容易成功。你會付出很多。戀愛多、結婚次數也多，慢慢成長。

金錢運

（巨蟹座‧紫府）的人，財富比同命格的人較多。命格中水多的人，財更多。爆發運也會更大。你們適合存錢和買房地產。老年時主富，房地產多。

事業運

（巨蟹座・紫府）的人，注重家庭，會努力工作來賺錢。工作內容是做最簡單、粗俗的工作。做零售業、買賣業，或開個小店，或做薪水族，到便利商店工作，能迅速進財最佳。龍年、狗年有爆發運，有機會發大財。雖無法成為集團大老闆。你們大多學歷不高，又缺少貴格，能成就大事業的機會不多。如果能做金融業、股票經紀、保險經紀、仲介業或是銀行行員。已經是很好的前途了。不過你們有爆發運加貴人運在朋友宮，會有年長的貴人朋友讓你們發大富貴。

健康運

（巨蟹座・紫府）的人，健康良好。但要小心脾胃、大腸等問題。有時有肺部、感冒、耳病的問題。也要小心乳癌，或生殖系統的毛病。

磁場相合的星座與命格

（天蠍座・武曲）♥♥♥♥♥
（處女座・七殺）♥♥♥♥
（雙魚座・廉相）♥♥♥♥
（摩羯座・紫殺）♥♥♥♥

不想與其溝通的星座與命格

（金牛座・機梁）

（金牛座・機梁）的人會自作聰明，亂出主意，讓人錢財吃虧，（巨蟹座・紫府）的人會肉痛惜財，更討厭自作聰明的人，超看不慣。

巨蟹座＋紫相命格的人

命運特質

（巨蟹座・紫相）的人，是節氣為夏至到大暑前的節氣、酷暑時節的人。紫微屬土，夏土超旺，天相屬水，夏水枯竭。此命格的人，本命就是土蓋住水，內心的衝突多。敏感及情緒化更嚴重。復建能力量強，享福會很弱。

（巨蟹座・紫相）的人，性格悶，你們生活操勞，自我意識強，有防衛的本能。愛鑽牛角尖，無願生活受到干擾，會熱心公益。內心十分傳統，十分懷舊。此命格的人會重視家庭，重視責任，外剛內柔。但會講究禮儀，對人謙恭。你們財運特佳，常用精美衣食來滿足家人。命格中有貴格的人，會有大成就。你們必須多所企劃，才會有好的事業。

戀愛運

（巨蟹座・紫相）的人，很敏感及情緒化，性格悶，但外貌優雅悅人，很體面，形象隨和。你不喜吃虧，喜講公平正義，不向惡勢力低頭。不過你們不了解異性，容易踩到紅線。要嫁娶到合適對象，婚後才不會讓配偶嫌棄。

金錢運

（巨蟹座・紫相）的人，財運特佳，會理財存錢，生性小氣。進財不少，講究生活上的享受。錢財多花在自已和家人的衣食享受上。未必存得住錢。有時也會錢財不濟，不過很容易平順。也能借到錢。大運好時，能積存財富。

紫微＋水象星座 算命更準！

事業運

（巨蟹座‧紫相）的人，事業運須要營謀籌劃，才會有發展。此命格的人喜歡對料理打雜的事務、衣食業、或物品業、工廠等能作企劃設計。你不喜受人干涉。也不想干涉別人。但在企業機構有問題出現的時候，你們會適時的協調料理雜亂、爭鬥。在破爛的環境中修復問題。自己創業時，多半還是會在衣食界打轉。

健康運

（巨蟹座‧紫相）的人，身體健康。但要小心脾胃不佳、貧血、淋巴癌及膀胱炎、泌尿系統方面的毛病。或水道系統的問題。亦要小心糖尿病、心臟病、三高、甲狀腺、耳朵等的問題。

磁場相合的星座與命格

（天蠍座‧武府）♥♥♥♥♥
（處女座‧廉貞）♥♥♥♥
（雙魚座‧同梁）♥♥♥♥
（摩羯座‧破軍）♥♥♥♥

不想與其溝通的星座與命格

（雙魚座‧廉殺）⛄

（雙魚座‧廉殺）的人個性超級情緒化，態度曖昧不清，（巨蟹座‧紫相）的人本身情緒化。彼此看不慣。

巨蟹座＋紫貪命格的人

命運特質

（巨蟹座‧紫貪）的人，是節氣為夏至到大暑前的節氣、酷暑時節的人。因為紫微屬土，貪狼屬木，本身就有點土木相剋，但夏天紫微火土相生氣旺。貪狼為夏木，木火旺。所以此命格的人，外表長相優雅氣派，運氣旺。復建能力也極強。帶點溫和內向的性格。命格中有貴格的人較多。因為運氣好，讀書也強。你們也容易有暴發運，會財官雙美。

（巨蟹座‧紫貪）的人，溫和謙恭，有強烈的防衛心。不喜歡生活受到干擾，並不積極追求升官機會。你們性格敏感情緒化，凡事容易焦慮。但有貴人，能助你人生境界變高有大成就。

戀愛運

（巨蟹座‧紫貪）的人，你們雖防衛心強，但仍是戀愛高手，戀愛運極佳。能判斷出對自已有幫助又多金的最佳配偶。會營造浪漫的愛情氛圍。你們外型優雅、體面、重視家庭，你們會精神與肉體並重，婚姻幸福。

金錢運

（巨蟹座‧紫貪）的人，是財運稍強的人，此命格貪狼的好運很強，能靠讀書賺錢。也能靠配偶生財、理財。你會擁有多金能力強的配偶，生活質量很高。若你再有爆發運，能擁有大財富。做軍警武職，生活也會順利，升大官。

事業運

（巨蟹座・紫貪）的人，運氣超好，事業運極佳。做軍警職更好，能升大官。做上班族或薪水族的工作，賺錢普通。有貴格及爆發運的人，有快速升官或升高職的機會。命格中有化權、化祿的人，人生地位也會升高。此命格的人學歷都容易高。

健康運

（巨蟹座・紫貪）的人，身體康健，但要小心脾胃、大腸的問題、高血壓、心臟病等，以及耳病、或性病。手足神經系統不佳。

磁場相合的星座與命格

（天蠍座・天府）♥♥♥♥♥

（處女座・廉府）♥♥♥♥

（雙魚座・祿存）♥♥♥♥

（摩羯座・天梁）♥♥♥

不想與其溝通的星座與命格

（牡羊座・陀羅）

（牡羊座・陀羅）的人衝動不講理，愛吵架鬥毆。（巨蟹座・紫貪）的人注重體面，不想惹他，懶得理他。

巨蟹座＋紫殺命格的人

命運特質

（巨蟹座・紫殺）的人，是節氣為夏至到大暑前的節氣、酷暑時節的人。夏天火氣重。紫微屬土會更旺。七殺屬火金，生於夏季受剋，火剋金。此命格的人，較不愛打拼，苦幹精神少一些。你們會注重形象，不會幹粗活。紫微的復建力量很強。你們不願受人干涉，自己重視責任感，會負責任。。

（巨蟹座・紫殺）的人，是外剛內柔的人，自我意識強，有懷舊之心，性格十分傳統。你們重視家庭，常會過於敏感或焦慮。你們有貴格的人少。但你們在牛年、羊年會有暴發運，也很容易發富。

戀愛運

（巨蟹座・紫殺）的人，注重家庭生活，很敏感，也算是戀愛高手，心中自有喜好的對象形像。你們十分傳統，妻子要顧家，丈夫得負責養家。因此要找會聽話、不囉嗦的人做情人或配偶。你喜歡親自主導愛情。

金錢運

（巨蟹座・紫殺）的人，財運超強有爆發運，在牛、羊年會發富。平常意外之財也很多。你們會賺錢也能有積蓄，會買房地產。為家庭生財富並照顧家人。

事業運

（巨蟹座•紫殺）的人，注重家庭，工作是為生活。因此做軍警業或上班族，有固定薪資，老年有退休金就好。你們也可能做工程類、建築類的雜亂、複雜、或修理破爛機械的工作。或是政治類鬥爭多的工作。你們愛做有官名職位的工作。做軍警業易升官。文職不佳，較窮。牛、羊年的暴發運會得大財富。

健康運

（巨蟹座•紫殺）的人，身體佳。但要小心淋巴癌、肺部、大腸的問題。膀胱、尿道、以及生殖系統的毛病。或乳癌、下腹部疼痛的問題。

磁場相合的星座與命格

（天蠍座•武府）♥♥♥♥♥

（處女座•武貪）♥♥♥♥

（雙魚座•天相）♥♥♥♥

（摩羯座•廉破）♥♥♥♥

不想與其溝通的星座與命格

（金牛座　同巨）

（金牛座•同巨）的人吝嗇、挑剔、是非多。（巨蟹座•紫殺）的人嫌麻煩，彼此看不慣。

巨蟹座＋紫破命格的人

命運特質

（巨蟹座・紫破）的人，是節氣為夏至到大暑前的節氣、酷暑時節的人。火氣重，紫微屬土會土旺，破軍屬水，夏水枯竭。命格為燥土。此命格的人，會紫微復建的性質特強。破軍的性質較弱，反覆無常的狀況多。不喜歡打拼了會懶洋洋。及耗財多，喜歡高高在上的享福。

（巨蟹座・紫破）的人，是喜歡家庭生活的人，會有些自閉做宅男宅女。不願私生活受到干擾。你們自我意識強，常有懷舊之心。因此只有老朋友會互相連絡。你們容易擺架子，人生有些波動。你常不滿意周遭環境及事物。但紫微能能幫你轉變過來。你會理想高，無法完成。

戀愛運

（巨蟹座・紫破）的人，你們很重視家庭，性格保守，但戀愛運較差。你們容易挑剔別人。自我意識強。其實你十分傳統，有懷舊之心。也容易敏感焦慮。一生會有多次婚姻。內心易受傷害。

金錢運

（巨蟹座・紫破）的人，你們注重家庭，賺錢是為了養家，通常會做薪水族，做軍警業最好，或工廠、大機構上班。你們記帳算帳很差，無法做生意，會虧本，做穩定薪資的工作最好。

事業運

（巨蟹座・紫破）的人，做軍警職最好。做文職會窮。你不喜歡做旅遊業、運輸業、船員、導遊等變化奔波的行業。更喜歡做固定上班的工作。如工廠或餐廳等。一般人會做無職稱，或職位低的工作。在競爭拚鬥的行業，如政治圈或軍警業，你們也會待過，無法升到高位。你們少有貴格，有大成就不容易。

健康運

（巨蟹座・紫破）的人，身體健康，但中年以後要小心糖尿病、脾胃、耳朵，泌尿系統或淋巴癌等的毛病。

磁場相合的星座與命格

（天蠍座・武相）♥♥♥♥♥
（處女座・天相）♥♥♥♥
（雙魚座・天梁）♥♥♥♥
（摩羯座・廉貪）♥♥♥♥

不想與其溝通的星座與命格

（雙子座・同巨）

（雙子座・同巨）的人喜歡表現小聰明，口舌是非多，（巨蟹座・紫破）的人不能忍受，會強加防範。

巨蟹座＋天機命格的人

命運特質

（巨蟹座‧天機）的人，是節氣為夏至到大暑前的節氣、酷暑時節的人。火氣重。天機五行屬木，木火相生，氣旺。此命格的人，聰明好動，肝腎與大腸較弱。多穿藍色、黑色的衣物為佳。你們會讀書好。命格中易有貴格，喜歡膩在家庭生活。你們不願受人干涉，不喜私生活受到打擾。

（巨蟹座‧天機）的人，容易敏感焦慮，有些善變、性子急，不吃虧、愛計較。你們必須有貴格才會有大成就。你的自我意識強，防衛心也強。但會有懷舊之心。雖人際關係多是非，但你對老朋友仍十分關心。

戀愛運

（巨蟹座‧天機）的人，注重家庭，戀愛找對象就是為了組織家庭。你們雖是聰明的戀愛高手，卻不易遇到好對象。條件是必須心性寬大，能多諒解你的無心過失，或多照顧你一下。你們易晚婚或不婚。但戀愛未必順遂。

金錢運

（巨蟹座‧天機）的人，是薪水族財運，有父母會給錢資助。即使父母走了，還有遺產可拿。父母多半比他有錢。

此命格的人財運不佳。但有蔭庇會生活無虞。某些人也有暴發運會財富大發。

事業運

（巨蟹座・天機）的人，做薪水族過生活。生平無大志，不會辛勞賺錢。喜歡固定領薪在企業中工作，領一份薪水，或守祖業生活。此命格有貴格的人，會學歷與地位高，得財順利。逢木火年，你們有較大的爆發運，工作運也會向上。會暴發大財富，也會有成就。

健康運

（巨蟹座・天機）的人，身體還好，會有手足傷，破相。但要小心肝、腎、肺部及大腸、脾胃、的毛病。也要小心性無能的問題。

磁場相合的星座與命格

（天蠍座・太陽）♥♥♥♥♥
（處女座・同梁）♥♥♥♥
（雙魚座・太陰）♥♥♥♥
（摩羯座・巨門）♥♥♥♥

不想與其溝通的星座與命格

（雙魚座・同巨）

（雙魚座・同巨）的人愛玩或愛做夢，又愛囉嗦（巨蟹座・天機）的人愛膩在家裡，與趣不同，彼此看不慣。

巨蟹座+機陰命格的人

命運特質

（巨蟹座・天機、太陰）的人，是節氣為夏至到大暑前的節氣、酷暑時節的人。火氣重。天機屬木，木火相生。太陰屬水，夏水休囚衰弱。此命格的人，特別聰明，多情緒化，常優柔寡斷、心情不快，會懶洋洋提不起勁。喜歡賴在家中，你們會讀書好，容易有貴格。

（巨蟹座・機陰）的人性格十分衝突，喜歡變化，卻不喜移動。本命容易搬家和轉職，但他喜歡呆在一個熟悉的地方。也愛疑神疑鬼，回家會繞彎才回家。你們有蔭庇及貴人運，會有貴人介紹工作。有貴格的人，會學歷好，有高成就。因天機較旺，特別聰明，但易情緒不佳。因為太陰水快被熬乾了，你們也會常感覺累。

戀愛運

（巨蟹座・機陰）的人，外型還有氣質，情緒常不佳，也喜談戀愛。心情古怪，需有情人來疼愛，你們會找較陽剛能獨當一面、又寬容的人做配偶。選天蠍座會十分相合，能有人替你擋風雨。

金錢運

（巨蟹座・機陰）的人，是薪水族財運。你們會找離家近的工作。也會生活順利。你的父母較富裕，會留財產給你。你本身不太會存錢。戀愛對你幫助大，但你付出的少。婚姻或戀愛存在中，你會較富裕。

事業運

（巨蟹座・機陰）的人，有蔭庇，工作靠熟人或長輩介紹。做軍警業，也會升職快，運氣很好。但你孩事會選責離家近的工作。一生會起落分明，做生意會失敗。命格中再有貴格的人，學歷地位高、成就大。秋冬收入好。

健康運

（巨蟹座・機陰）的人，健康不錯，要小心手足之傷，車禍，肝腎、大腸、淋巴癌、乳癌、子宮等的問題，以及性生活方面的問題。

磁場相合的星座與命格

（天蠍座・巨門）❤❤❤❤

（處女座・天梁）❤❤❤

（雙魚座・太陽）❤❤❤

（摩羯座・天同）❤❤❤

不想與其溝通的星座與命格

（牡羊座・武曲）

（牡羊座・武曲）的人重視錢、吝嗇小氣，不會隨意支助別人，（巨蟹座・機陰）的人無法認同，彼此看不慣。

巨蟹座＋機梁命格的人

命運特質

（巨蟹座•天機、天梁）的人，是節氣為夏至到大暑前的節氣、酷暑時節的人。火氣重。天機屬木，天梁屬土，命格本身就是土木相剋。但天機夏天木火旺，天梁也火土相生居旺。此命格的人，內心超頑固。很堅持，自有主見，喜歡照顧家庭。

（巨蟹座•機梁）的人，對家人好，愛嘮叨家人，喜歡呆在家裡。自以為聰明，對很多事都關心。其貴人運也很強，愛讀書學習，易有貴格，平常你會宅在家，過自己平凡快樂的日子。你會有牛、羊年的爆發運，人生會起落分明。富貴來去須小心把握。

戀愛運

（巨蟹座•機梁）的人，喜歡能跟你一起宅在家，又能聊天說笑話的人為配偶。你喜歡家中熱鬧的過生活，若離婚一是為了缺錢，二是另一半喜往外跑。

金錢運

（巨蟹座•機梁）的人，是薪水族財運。此命格的人，貴人運很強。父母、長輩很打拼，會留錢給你。你本身有『武貪格』爆發運，在牛年、羊年會爆發，本命火旺，爆發的金額會很大，會發富為大富翁。

事業運

（巨蟹座・機梁）的人，為薪水族格局。你們蔭庇很強，貴人運很實在。易有貴格。有高學歷和大成就，地位也會高。並有爆發運可相助成功。無貴格者，可靠熟人介紹工作。適合做修理、收拾或整理帳務的工作。例如會計、記帳員、電器修理、幼稚園老師、倉庫管理、保險員等。有長輩照顧，衣食無憂。

健康運

（巨蟹座・機梁）的人，健康運佳。但要小心脾胃、肝腎、大腸等消化系統的問題。手足傷、臉面有破相、車禍等問題。也要小心糖尿病、免疫系統的問題。

磁場相合的星座與命格

（天蠍座・陽巨）♥♥♥♥♥
（處女座・同陰）♥♥♥♥
（雙魚座・天府）♥♥♥♥
（摩羯座・祿存）♥♥♥♥

不想與其溝通的星座與命格

（雙子座・貪狼）

（雙子座・貪狼）的人大手大腳、愛花錢，性格油滑，（巨蟹座・機梁）的人對錢財計較，彼此看不慣。

巨蟹座＋機巨命格的人

命運特質

（巨蟹座•天機、巨門）的人，是節氣為夏至到大暑前的節氣、酷暑時節的人。火氣重。天機屬木，火木相生氣旺。巨門屬水，夏水休囚氣弱。故此命格的人，超聰明，口才普通，多是非，會讀書學習。容易有『陽梁昌祿格』貴格的人，人生有大成就。知識水準高，從事學術研究，有大發展。

（巨蟹座•機巨）的人，做武職軍警業也很好，能有大功績。普通上班族的人，會找離家近或朝九晚五的工作，身體健康小心大腸和心肺。此命格的人宅在家裡，重視家居生活，聰明有創意，做作家寫作也會出名。

戀愛運

（巨蟹座•機巨）的人，個性內向，喜宅在家。情緒多變，脾氣不算好，戀愛運起伏不定。容易找到性格不同的人相戀，戀愛總不長久。需要溫柔的情人才行。常會亂發脾氣後分手。

金錢運

（巨蟹座•機巨）的人，是薪水族的財運，你們較愛讀書，易有專業知識及技術，財運順利。有化權及化祿的人，個性強勢，收入特佳。有貴格的人，學歷高，做科技業、學校教書，工作很穩定。但理財能力不佳，能有積蓄。有房子。能有父母給的財產。一生順遂。

事業運

（巨蟹座・機巨）的人，事業運以出名為主。有貴格的人，會有高學歷，及大成就，做科技業、理工類的工作高升機會多。你們會長期呆在同一機構。有爆發運的人，很容易出大名並致富。

健康運

（巨蟹座・機巨）的人，身體健康。但要注意脾胃的毛病，小心淋巴系統、血液系統或泌尿系統，如膀胱、尿道、腎臟、消化系統、甲狀腺、免疫系統等的問題。以及手足有傷災或車禍問題等。

磁場相合的星座與命格

（天蠍座・天同）♥♥♥♥♥
（處女座・陽梁）♥♥♥♥
（雙魚座・日月）♥♥♥♥
（摩羯座・紫相）♥♥♥

不想與其溝通的星座與命格

（雙子座・武府）

（雙子座・武府）的人善變，愛賺錢，又吝嗇。（巨蟹座・機巨）的人保守對錢不吃虧，彼此看不慣。

巨蟹座＋太陽命格的人

命運特質

（巨蟹座・太陽）的人，是節氣為夏至到大暑前的節氣、酷暑時節的人。火氣重。太陽五行屬丙火，夏天火氣超旺。此命格的人脾氣大，也容易性格悶。但仍然會說話大聲。直爽，坦白、少心機。只是容易不耐煩。平常也容易懶洋洋，易操勞和累。但表面仍樂觀，大咧咧的。人緣特佳，長輩特別喜愛。

（巨蟹座・太陽）的人，喜歡宅在家，就是在家工作也不錯。你們會用心照顧家庭，也會選離家近的工作。你們適合做教育或與生活機能有關的工作。有責格的人，會有名聲，地位高財運好。做軍警業、補教業都適合。

戀愛運

（巨蟹座・太陽）的人，陰柔的異性會吸引你。容易早婚，希望有自己的家。你們性格較陽剛，溫和，愛負責任。你們常不瞭解愛情內容，擔心婚後生活無味。此命格的人會外遇的人少。你們最享受的還是居家平凡快樂的生活。

金錢運

（巨蟹座・太陽）的人，多半是上班族。有固定薪資生活。做生意不吉。你們怕算帳。會請別人來經營，但會失敗倒店。有些人會有祖產，可靠收利息和收租來生活。你們大多有房地產，生活順利。

事業運

（巨蟹座・太陽）的人，重視則任、不願受人干涉，最適合做自營的行業或做學校老師、有貴格的人，會有名聲，能得大成就與富貴。能做法官、律師、保險業、廣播員。適合做公職考公務員或軍警職、或在國家機構、政府機關工作。你們中年以後會不想工作。

健康運

（巨蟹座・太陽）的人，身體健康，但要小心高血壓、心臟病，以及腦中風等的疾病。有些人要小心糖尿病和高血脂、及膽固醇過高的毛病。

磁場相合的星座與命格

（天蠍座・太陰）❤❤❤❤❤

（處女座・天同）❤❤❤❤

（雙魚座・同梁）❤❤❤❤

（摩羯座・同巨）❤❤❤❤

不想與其溝通的星座與命格

（雙魚座・武殺） ☃

（雙魚座・武殺）的人愛幻想賺錢，想的多，賺的少，（巨蟹座・太陽）的人不想招惹他。看不慣他。

巨蟹座＋陽梁命格的人

命運特質

（巨蟹座・太陽、天梁）的人，是節氣為夏至到大暑前的節氣、酷暑時節的人。火氣重。太陽屬火，夏火氣旺。天梁屬土，火土相生也氣旺。此命格的人，天梁的蔭庇及復建功能也很強。太陽很旺，會愛工作。但命格缺水，身體會肝腎弱，容易累。你們易有『陽梁昌祿格』貴格。能學歷高、有成就。

（巨蟹座・陽梁）的人，性格有些悶和情緒化、表面親和謙恭，但有強烈的防衛本能，不願私生活受干擾。你們自我意識強，有懷舊之心。長輩運和貴人運很強，但你們不願受人干涉。有貴格的人，會裡想大、成就好。

戀愛運

（巨蟹座・陽梁）的人，你們敏感焦慮，責任心重，個性內向。但戀愛運不佳。你們懷舊心強，十分傳統。有些從小時候就喜歡的人物形象，一生都難以忘懷，最後會找到類似的人做配偶。他們是懶惰、愛玩，話多的配偶。令你常內心嘀咕和失望。

金錢運

（巨蟹座・陽梁）的人，是依賴薪水生活又財運不錯的人，你易擁有貴格及家產，生活富裕。命宮在酉宮的人，財運稍差，會做國術館跌打損傷的師傅、或算命師，或按摩師父的工作，生活不富裕，但能養家。

事業運

（巨蟹座•陽梁）的人，事業運不強。你並不在乎成就與地位。有貴格的人，你會讀書、教書或著作，有一定的地位。無貴格的人，只是上班族。你們喜歡宅在家玩電腦、打遊戲。你得到父母家族良好的照顧。也發善心做慈善事業、做廟公、社工人員來完成你的志向。

健康運

（巨蟹座•陽梁）的人，身體健康，但要小心高血壓、腦中風、脾胃的問題，或糖尿病、皮膚病。子時、午時生人，會健康與財運都不好，易早夭。

磁場相合的星座與命格

（天蠍座•太陰）❤❤❤❤❤
（處女座•同陰）❤❤❤❤
（雙魚座•同梁）❤❤❤❤
（摩羯座•機巨）❤❤❤

不想與其溝通的星座與命格

（獅子座•廉相）

（獅子座•廉相）的人情緒開朗豪放，愛現，（巨蟹座•陽梁）的人保守，內向，道不同，價值觀也不同。

巨蟹座＋日月命格的人

命運特質

（巨蟹座‧太陽、太陰）的人，是節氣為夏至到大暑前的節氣、酷暑時節的人。火氣重。太陽屬火，太陰屬水，生於夏季，太陽超旺，夏水枯竭。此命格的人，會情緒起伏變化多，常情緒不好，但又有陽剛氣。會找離家近的工作做上班族，工作很積極。

（巨蟹座‧日月）的人，外剛內柔，自我意識強，雖喜歡談戀愛。會以工作為重。有貴格的人，學歷較高，你們不在乎成就與地位，會以家庭為重。你們會擁有平順幸福的婚姻生活。觀念十分傳統，有懷舊之心。雖然常敏感焦慮，但會對自己的工作充滿信心。

戀愛運

（巨蟹座‧日月）的人，喜歡宅在家，喜愛享受家庭生活。你會找保守愛靜的戀人。一同享受平凡的家庭生活。你會找到溫和、好脾氣的配偶。他也能安撫你常敏感教慮的心。

金錢運

（巨蟹座‧日月）的人，是薪水族。你跟原生家庭不親，喜愛創造自己的家庭。你喜歡工作賺錢。雖賺得不多，但生活無虞。你會找到好配偶一同努力，你們會有專業能力，財運穩定。大運的變化雖多，人生有起落。但你們仍能幸福美滿，有積蓄。

事業運

（巨蟹座・日月）的人，事業運不高，你們不在乎成就與地位，會以家庭為重，並且缺乏貴人。不喜競爭。你們喜歡工作，努力賺薪資，通常會做沒有職稱的工作，如老師、秘書、顧問，工作還算努力，會因情緒起伏或戀愛問題而換工作。結婚後較工作穩定。

健康運

（巨蟹座・日月）的人，身體尚可，但要小心有傷災、車禍。還要小心血液的問題。要小心一切與手足神經有關的問題。

磁場相合的星座與命格

（天蠍座・同梁）♥♥♥♥♥
（處女座・天同）♥♥♥♥
（雙魚座・巨門）♥♥♥♥
（摩羯座・天梁）♥♥♥♥

不想與其溝通的星座與命格

（金牛座・廉破）

（天秤座・廉貞）的人愛說風涼話，又勢利眼，（巨蟹座・日月）有公主王子病，覺得受欺負，彼此看不慣。

巨蟹座＋陽巨命格的人

命運特質

（巨蟹座•太陽、巨門）的人，是節氣為夏至到大暑前的節氣、酷暑時節的人。太陽屬火，夏火氣旺，巨門屬水，夏水休囚枯竭。此命格的人，很忙碌，愛工作，話多，容易情緒不好。也非常容易累，因為命格火多缺水，會腎虛，眼睛不好。工作很積極，平常你們喜歡宅在家，會找離家近的工作。雖口舌是非多，有強烈的防衛本能，不喜私生活受干擾。

（巨蟹座•陽巨）的人，重視家庭，會為了養家而工作。工作有時斷斷續續，做與口才相關的行業好你會得心應手。不過你會常懶得多說。通常在戀愛和工作、交友都有競爭。常麻煩不斷。你們適合專門替人解決麻煩問題的人。

戀愛運

（巨蟹座•陽巨）的人，天生喜歡家庭生活。也要找保守的對象。戀愛中總有情敵出現。你們總要和人競爭來得到情人或配偶。也會追求失敗，但你自己覺得很值得。至少度過了一段戀愛時光。你個性陽剛及大咧咧的、有點幼稚，也缺少算計，年紀大一點你才會找到真正的靈魂伴侶。

金錢運

（巨蟹座•陽巨）的人，是薪水族。父母較窮，自己的財運也不算好，但你愛工作。牛年、羊年有爆發運，可爆發財富。你的理財能力不佳，戀愛及工作也益不順利，要多堅持及學習技能來賺錢。更要精研理財技術，人生會順遂。多讀專業書籍對你有利。

事業運

（巨蟹座・陽巨）的人，少有事業運。工作運也平平，你雖然愛工作，但時常是非多，工作做不長。也會斷斷續續。薪水也不多。你們多半做與口才、糾紛有關的工作。如果有貴格，可學歷高及地位高。若是一般上班族，適合做仲介業、老師、博物館或百貨公司解說員、司法人員、醫護員、保險經紀、接線生等。很可能是常常打工的族群。

健康運

（巨蟹座・陽巨）的人，身體健康，但中年逢到大運低落時會有病痛。有膿血之症、淋巴系統的毛病、或大腸、肺部、消化系統潰爛、高血壓、心臟病等，要多買保險。

磁場相合的星座與命格

（天蠍座・同陰）❤❤❤❤❤
（處女座・太陰）❤❤❤❤
（雙魚座・機梁）❤❤❤❤
（摩羯座・天同）❤❤❤❤

不想與其溝通的星座與命格

（雙子座・破軍）

（雙子座・破軍）的人聰明，愛開玩笑，常有譏諷，（巨蟹座・陽巨）的人會感覺受辱，問題很多。

巨蟹座＋武曲命格的人

命運特質

（巨蟹座‧武曲）的人，是節氣為夏至到大暑前的節氣、酷暑時節的人。火氣重。武曲屬金，故是金氣虛弱。此命格的人，注重家庭，自主能力很強。有些情緒化，有防衛心，不願私生活受到干擾。你們重視責任，由其愛照顧子女和家人，十分傳統，有懷舊之心。

（巨蟹座‧武曲）的人，性格上有些保守，喜歡宅在家裡，對錢財敏感，因此在家操作股票最好。又有『武貪格』爆發運，逢到火土年會爆發得大。做軍警業亦會立大功及大富貴。此命格的人，若有貴格，會有大富貴及高學歷、高地位。你們對家人的照顧很周到，有時會影響到事業的發展。十分可惜。

戀愛運

（巨蟹座‧武曲）的人，會找有工作能力、又會賺錢的配偶。你自己會顧家。你不喜有人干涉你的私生活，厭惡別人太多的關心。你會熱心公益，並有懷舊之心。因此你的配偶多半與你有某種連帶關係，或有相識的人居間介紹的。你會晚婚。

金錢運

（巨蟹座‧武曲）的人，財運不錯，喜歡賺錢，但你會在家工作，或是找家附近的場所賺錢或開公司。你一面賺錢一面照顧家庭。辰年、戌年有爆發運，能得大財富。房地產未必存得住。

適合存現金，做金融業、水產類產品的生意、或開飲料店、加油站、咖啡館、網路通路店等。做軍警業也不錯，或跟軍需有關、或賺與立功獎金有關的錢財。

事業運

（巨蟹座・武曲）的人，事業運不錯，但你們喜歡靠近家附近的地方去賺錢。從商可主富，未必會做大老闆。從軍警職可升官。你們雖愛賺大錢，但會格局不大。而且你們對員工的管理像對家人，理財能力不佳，最好有人幫你管理員工，才能賺錢。持續打拼，逢辰、戌年能大發富貴。

健康運

（巨蟹座・武曲）的人，身體健康，但要小心大腸癌和消化系統的問題，以及肺癌、支氣管炎、脾胃、糖尿病及泌尿系統、膀胱等問題。

磁場相合的星座與命格

（天蠍座・貪狼）♥♥♥♥♥
（處女座・紫府）♥♥♥♥
（雙魚座・天府）♥♥♥♥
（摩羯座・廉相）♥♥♥

不想與其溝通的星座與命格

（射手座・廉貞）

（射手座・廉貞）的人愛東跑西跑、大筆放肆投資、耗財多，（巨蟹座・武曲）的人有些保守愛家，但注重錢財不浪費，彼此看不慣。

巨蟹座＋武府命格的人

命運特質

（巨蟹座•武曲、天府）的人是節氣為夏至到大暑前的節氣、酷暑時節的人。武曲屬金被火剋虛弱，天府屬土會火土相生較旺。此命格的人，特別愛存錢，但賺錢財能力較弱。

（巨蟹座•武曲、天府）的人，愛宅在家，或做朝九晚五的公務員，或軍警人員。你們也會做臨時教職，喜歡離家近的工作。你們與家人感情好，婚後易與配偶不合。易離婚再婚。若能忍耐，也能順利。你們是性格保守脾氣硬的人。人生會有起伏，有貴格的人較少，工作很認真，須努力會有積蓄。你們性格保守，即使有化權，也會在企業機構有掌權地位。不會做政治工作。

戀愛運

（巨蟹座•武府）的人，戀愛運與配偶運都較差，你們雖注重家庭，思想有些怪異，喜歡和性格與價值觀不同的人談戀愛，你們會晚婚，結婚後磨合不佳。易離婚再婚。婚姻讓你們很氣餒，但會讓你與原生家庭更緊密。不過，再婚後的你會對戀愛與婚姻較圓滿。

金錢運

（巨蟹座•武府）的人，較有存錢能力，理財和賺錢能力稍差。工作運還不錯，需要多規劃及所以你更吝嗇。你們的父母可能沒有家產給你，也許你須要負擔家計。不過你仍能兢兢業業的努力工作與存錢。最終你能輕鬆的養老。

事業運

（巨蟹座‧武府）的人，事業運還不錯，你喜歡做營業點管理的工作，喜歡在家附近工作。常常溜回家瞧一瞧。你對工作還算忠誠，能創造好業績，公司老闆及上司還很企重你。你不喜受人干涉，如果有受制的感覺，就會做不久。你不太會自己創業。你對事業有信心，你亦可做軍警業，能有階段性的成功，小有成就。

健康運

（巨蟹座‧武府）的人，身體健康，要小心心肺功能、感冒、肺炎、和膀胱、生殖系統的毛病，也怕乳癌、下半身寒涼、高血壓、腹痛等毛病。

磁場相合的星座與命格

（天蠍座‧紫相）❤❤❤❤❤

（處女座‧廉相）❤❤❤❤

（雙魚座‧紫殺）❤❤❤❤

（摩羯座‧天府）❤❤❤❤

不想與其溝通的星座與命格

（天蠍座‧武貪）

（天蠍座‧武貪）的人城府深、性格強勢，愛搶功勞，（巨蟹座‧武府）的人無法與他共事，彼此看不慣。

巨蟹座＋武相命格的人

命運特質

（巨蟹座・武相）的人，是節氣為夏至到大暑前的節氣、酷暑時節的人。武曲屬金，夏火剋金較虛弱。天相屬水，夏水枯竭也虛弱。此命格的人，生活較辛苦勞碌，可享極普通的衣食之福。有時也會懶洋洋。你喜歡宅在家裡，父母對你很愛護，照顧你衣食，如果不積極的話，你很容易變成啃老族。天相是勤勞的福星，所以你也必須勤勞理財才能富有。

（巨蟹座・武相）的人，生於巨蟹座的人命格缺金水很嚴重，有貴格的人，可有高學歷，未必有錢。父母會留家產給你。

戀愛運

（巨蟹座・武相）的人，會宅在家，會晚婚或不婚。你們無法真正了解異性，常挑剔相親對象。最後容易找到麻煩多的配偶及親家，亦或不婚。

金錢運

（巨蟹座・武相）的人，你們愛宅在家，懶在家，愛享福。你的父母會工作照顧你，給你錢花。你可以接手父母的事業或生意，父母會留給你家產，你毫不傷腦筋的繼承父母的營生及生活。

事業運

（巨蟹座・武相）的人，工作運不錯，你喜歡宅在家，或錢多、事少、離家近的工作。此命格的人，很容易會繼承家業再繼續營生。大運好時，你會奔波忙碌一陣子，或做與衣食有關的行業。有貴格的人，會有高學歷和國外留學的經歷，能接替父母家族的產業加以擴大，事業也可變大。

健康運

（巨蟹座・武相）的人，身體健康，但要小心高血壓、心臟病、脾胃的毛病，糖尿病、淋巴系統、泌尿系統的問題，常感冒、肺部、支氣管炎、大腸疾病、便秘等。

磁場相合的星座與命格

（天蠍座・紫微）❤❤❤❤❤

（處女座・武曲）❤❤❤❤

（雙魚座・廉府）❤❤❤❤

（摩羯座・破軍）❤❤❤❤

不想與其溝通的星座與命格

（雙子座・太陰）

（雙子座・太陰）的人聰明又情緒化、脾氣古怪，更愛搞怪。（巨蟹座・武相）的人不愛管別人，不想理他，自己享福，彼此看不慣。

巨蟹座＋武貪命格的人

命運特質

（巨蟹座‧武貪）的人，是節氣為夏至到大暑前的節氣、酷暑時節的人。武曲屬金，夏金受剋虛弱。貪狼屬木，火木相生，較旺。『武貪』本是爆發格，會有偏財運，但需火來引發。此命格的人，火極旺。生於巨蟹座，會爆發得大。

（巨蟹座‧武貪）的人，喜歡宅在家，在家想投資的事，或想爆發運的事。你們會想在你家附近哪裡有錢賺。牛年、羊年有爆發運會發生。火年會爆發的大。金水年也會爆。卯、酉年為爆落期。你適合做軍警業或生意人，能因爆發運而發大富貴。你們命格中較少貴格，人生以主富或功業為主。

戀愛運

（巨蟹座‧武貪）的人，是晚婚的人，在三十五歲爆發運以後結婚，會找到帶財多好配偶。配偶也能保你富貴長久。此命格的人雖吝嗇小氣，但對自家老婆、孩子很大方。你的戀愛運挺好的。也懂得保有家庭凝聚力。

金錢運

（巨蟹座‧武貪）的人，財運頗佳，爆發運來時發富，賺錢機會很多。理財能力稍差，配偶能幫忙理財。牛、羊年有爆發運，能爆發有大財富。卯、酉年爆落。人生的變化。要連著三個大運好運。就能成為億萬富翁以上。

事業運

（巨蟹座•武貪）的人，工作運氣極佳。你喜歡做宅在家或靠近家附近的工作。做軍警業較好。你們一生最大的機會在火年時的牛、羊年的爆發運，若能抓住機會，會發得大而成功。要小心金水年的卯、酉年會敗落很慘，小心無法復元。此命格的人有貴格的人少，大多以主富為主。如果有貴格，必為人中蛟龍，必大有作為。

健康運

（巨蟹座•武貪）的人，身體健康。但要小心手足傷、四肢酸痛、肺部、支氣管炎、大腸、消化系統的問題，以及心臟病、高血壓，頭痛症。

磁場相合的星座與命格

（天蠍座•紫府）❤❤❤❤❤
（處女座•天府）❤❤❤❤
（雙魚座•武府）❤❤❤❤
（摩羯座•紫殺）❤❤❤❤

不想與其溝通的星座與命格

（天蠍座•擎羊）

（天蠍座•擎羊）的人會陰險又刑剋財，（巨蟹座•武貪）的人怕被剋，會躲避他，彼此看不慣。

巨蟹座＋武殺命格的人

命運特質

（巨蟹座‧武殺）的人，是節氣為夏至到大暑前的節氣、酷暑時節的人。火氣重。武曲、七殺都屬金，被火剋更虛弱。此命格的人，脾氣和身體都時常軟趴趴。你們也不愛動，常懶洋洋。你表面親和、謙恭，但有強烈的防衛本能。更不願私生活受干擾。

（巨蟹座‧武殺）的人較內向，喜宅在家或做固定的行業，從武職（軍警業）最佳，會有升職機會。做文職或固定的上班族，賺錢不多較窮困，而且易做不長久。做體力的工作，會沒有成就感。你不愛勞動，愛做決斷性的工作，如法官，或獄警。小心命運多變化。要注意傷災及車禍問題。

戀愛運

（巨蟹座‧武殺）的人，性格溫和、懶洋洋，在金水年，你的外表清亮，你較耀眼，易找到靈魂伴侶。婚姻運很好。能找到陪伴及幫助你理財與理家的配偶。只是頭子難，繼續生第二子就順利了。你喜歡宅在家過家庭生活。

金錢運

（巨蟹座‧武殺）的人，重視責任，不願受人干涉。你在火土年較窮。

金水年會多賺錢財，你喜歡賺立功行賞的錢。所以做軍警業為佳。文職較不富裕。你們很節儉，手上現金少，有配偶會幫你理財存錢。是薪水族的財運。

事業運

（巨蟹座・武殺）的人，工作運特佳，軍警武職能立大功，成就大富貴。文職不佳較窮。你們適合做體力活，不喜做腦力的工作，喜歡宅在家，或家附近的工作，不喜做外勤工作。有貴格的人，能做法官、書記官、監獄長。警察局長、警務處長、將軍等。

健康運

（巨蟹座・武殺）的人，健康良好。但要小心肺部、汽管炎、大腸、膀胱、生殖系統、及下腹部寒涼的問題。女性也要小心乳癌、卵巢、子宮等問題。

磁場相合的星座與命格

（天蠍座・天府）❤❤❤❤❤
（處女座・紫相）❤❤❤❤
（雙魚座・廉府）❤❤❤❤
（摩羯座・天相）❤❤❤❤

不想與其溝通的星座與命格

（雙子座・貪狼）

（雙子座・貪狼）的人像花蝴蝶一樣，招搖又不真心，（巨蟹座・武殺）的人，討厭假惺惺，會趕走他。

巨蟹座＋武破命格的人

命運特質

（巨蟹座‧武曲、破軍）坐命的人，是節氣為夏至到大暑前的節氣、酷暑時節的人。火氣重。武曲居平屬金會剋虛弱。破軍居平屬水，夏水枯竭衰弱。此命格的人，性格懶洋洋，軟趴趴的，對人還算溫和。只是喜歡宅在家。或找家附近的工作。你們防衛心強，不願私生活受干擾。你們溫和內向，不向惡勢力低頭。金水年你們會進財多一些。

（巨蟹座‧武破）的人，做軍警業較佳，會有固定薪資與退休金，生活無虞。做文職會較窮。有貴格的人會有成就。你重視責任，喜歡照顧家庭，會有平凡的人生。

戀愛運

（巨蟹座‧武破）的人，敏感、較情緒化，又有強烈防衛本能，你們有懷舊之心。因此做戀愛獵人，專門會捕獵同學、好友中漂亮俊俏的對象。你孳緒古怪，愛情不長久，一生中有多段婚姻。

金錢運

（巨蟹座‧武破）的人，不會理財，你對錢不在意，賺錢不易，你多半宅在家，不想賺辛苦艱難的錢，也不想賺跟血光、傷災有關的錢財。做軍警業對你有利，會賺錢簡單，生活輕鬆。做文職會窮。你也不願做粗活。若卯、酉年有爆發運的人，會發富。

事業運

（巨蟹座・武破）的人，工作運很好，你們少有貴格，較難成為高階主管。你的競爭力不強，高薪又競爭多的行業，你做不來。軍警業、政治界、或情報人員、律師或是救難、車禍現場的救助工作，大致為你們職業範圍。做文職不富裕。

健康運

（巨蟹座・武破）的人，身體健康，但要小心高血壓，頭痛、中風、心臟病、糖尿病、脾胃方面的毛病、內分泌及淋巴系統的病症。傷災及車禍等。

磁場相合的星座與命格

（天蠍座・廉相）❤❤❤❤❤

（處女座・天相）❤❤❤❤

（雙魚座・紫相）❤❤❤❤

（摩羯座・廉貪）❤❤❤❤

不想與其溝通的星座與命格

（雙子座・武曲）

（雙子座・武曲）的人聰明愛計較，情緒不穩定，（巨蟹座・武破）的人有時要放空輕鬆一下，衝突吵架不斷。

巨蟹座＋天同命格的人

命運特質

（巨蟹座•天同）的人，是節氣為夏至到大暑前的節氣、酷暑時節的人。火氣重。天同屬水，夏天水枯竭衰弱。此命格的人，性格溫和，敏感，情緒化，時常軟趴趴、懶洋洋。秋冬時你會有精神。平常你很會享懶福。工作時會懶洋洋不起勁。金水年會財運旺。火土年生活較辛苦，是非多。

（巨蟹座•天同）的人，喜歡宅在家，即使什麼都不做也很快樂。你們是愛享福的人，可是未必真正享到福，你們討厭別人管，積極性不足是關鍵問題。有貴格的人，會有高學歷，才有成功機會。做文職極佳。

戀愛運

（巨蟹座•天同）的人，喜歡能和他一起宅在家的人、也喜歡有高知識思想的人，做戀愛對象，討厭老氣守舊、愚笨的人。你們寧可不婚，也要找到高知識水準、聰明、條件好的人做對象。但易遭騙，更容易碰到兇狠情人。

金錢運

（巨蟹座•天同）的人，是薪水族格局。財運不強。上班工作夠生活，但未必穩定。並且你喜歡宅在家的工作，常要靠家人接濟。有貴格的人，會工作穩定衣食無憂。無貴格的人易靠人吃飯。但福星的人總平安無事。

事業運

（巨蟹座・天同）的人，會有固定薪水的工作。你會選擇在家附近工作，。此星座的人財運不好。你是溫和內向的福星，無法掌得住權。你無法馭下，做主管也易被欺負。你不喜被人管，也不喜管人。你平常也不喜負責任。要成就大事業較困難。

健康運

（巨蟹座・天同）的人，身體健康，但要小心肺部、支氣管炎、大腸、淋巴系統、心臟病、免疫能力下降、耳朵、肝腎、腰痠背痛等問題。

磁場相合的星座與命格

（天蠍座・機巨）♥♥♥♥♥

（處女座・機梁）♥♥♥♥

（雙魚座・陽梁）♥♥♥♥

（摩羯座・同陰）♥♥♥♥

不想與其溝通的星座與命格

（雙子座・廉貪）

（雙子座・廉貪）的人聰明、人緣不佳、對人不真誠，又諉過於人，（巨蟹座・天同）的人容易受氣、被欺負，彼此看不慣。

巨蟹座＋同陰命格的人

命運特質

（巨蟹座‧天同、太陰）的人，是節氣為夏至到大暑前的節氣、酷暑時節的人。火氣重。天同與太陰都屬水，夏水枯竭衰弱。此命格的人，性格有些懶洋洋，四肢軟趴趴，提不起勁。也會工作不積極，財運不算好。你們喜歡宅在家，身體上肝腎較弱，容易累。

（巨蟹座‧同陰）的人，是薪水族命格，原本以愛情與享福為人生目標。此命格的人很內向、敏感、情緒化，戀愛較保守。你們在牛、羊年有爆發運，能爆發財富。命格中有貴格的人，為高級公務員資格的人，成就較高。無貴格的人，人生起伏多。

戀愛運

（巨蟹座‧同陰）的人，喜歡家庭生活，是戀愛超極高手。一生都不斷尋找自以為合格的對象。你們主要依靠戀人來生活與有財富的。金水年會財運好，戀愛運佳、享福多。此命格的人，性格保守、戀舊，會和幼年同伴或同學、鄰居等戀愛結婚。

金錢運

（巨蟹座‧同陰）的人，天生是薪水族。財運靠配偶做靠山，窮時靠情人生活。富時生活快樂。你們長相美麗俊俏，在牛、羊年有爆發運，會過富足生活，人生的變化仍然起落分明，無法控制，你會靠父母或家人資助生活。。

事業運

（巨蟹座•同陰）的人，算是薪水族格局。做公務員或上班族，你們喜宅在家，過平凡居家的生活。偶而窮的時候才工作。工作會斷斷續續不長久。命格中有貴格的人，會有高學歷與成就。某些人的爆發運也會發在家人資助上。

健康運

（巨蟹座•同陰）的人，身體健康。要小心腎臟和肺部、淋巴系統、泌尿系統的問題、膀胱不好。以及手足之災，還有傷風感冒、乳房、生殖系統的問題。宜多吃紅色、土黃色蔬果。

磁場相合的星座與命格

（天蠍座•太陽）♥♥♥♥♥
（處女座•機梁）♥♥♥♥
（雙魚座•天梁）♥♥♥♥
（摩羯座•巨門）♥♥♥♥

不想與其溝通的星座與命格

（處女座•廉破）

（處女座•廉破）的人保守，又不計較花錢，（巨蟹座•同陰）的人，常吃悶虧，害怕看錯人，彼此看不慣。

巨蟹座＋同梁命格的人

命運特質

（巨蟹座・天同、天梁）的人，是節氣為夏至到大暑前的節氣、酷暑時節的人。火氣重。天同屬水，夏水枯竭衰弱。天梁屬土，火土相生居旺。天同、天梁彼此水土相剋，是土蓋住水。此命格的人，性格溫和，敏感，情緒化，有強烈的防衛心，喜歡宅在家，不願生活受到干擾。平常做事提不起勁來。秋冬時較平順。你會肝腎和眼睛不好。

（巨蟹座・同梁）的人，不喜歡別人管，愛過平凡家庭生活。你是既怕負責，也不想多出勞力。是居家愛閒聊的小市民。有貴格的人，會稍有學歷。無貴格者，能作離家近的上班族就很好了。

戀愛運

（巨蟹座・同梁）的人，是宅在家的戀愛高手，能上網談戀愛，口才一流。常用甜言蜜語騙得戀人。最後會找到高薪的對象，幫忙養他與養家。

金錢運

（巨蟹座・同梁）的人，是薪水族格局的人。宅在家仍可有財運，你會以口才聰明來賺錢及吸引人。你也會用盡心機在尋找有錢的配偶，讓你可少奮鬥二十年，並能得到較多財富。

事業運

（巨蟹座•同梁）的人，喜歡宅在家，沒有事業。你們很聰明，有一張業務嘴，能上網或電話找客戶，喜歡聊天和遊說人，做憑口才的業務工作，或教書、傳銷、線上教課等業務，你會工作輕鬆快樂，得到成就感。命格中有貴格及『化權』的人，有機會成功。沒有貴格及『化權』的人，只是一般薪水族，或啃老族。你專愛訴說夢想自我陶醉，藉以自慰。你最成功的事業是找到能幹或多金的配偶養你和養家。

健康運

（巨蟹座•同梁）的人，身體還好，但要小心肺部、脾胃、膀胱、免疫能力失調、大腸、氣管炎、感冒等疾病。

磁場相合的星座與命格

（天蠍座•天機）❤❤❤❤❤

（處女座•同陰）❤❤❤❤

（雙魚座•天相）❤❤❤❤

（摩羯座•同巨）❤❤❤❤

不想與其溝通的星座與命格

（牡羊座•廉相）

（牡羊座•廉相）的人很衝動，痛恨他人心口不一。（巨蟹座•同梁）的人會被嗆聲，彼此看不慣。

巨蟹座＋同巨命格的人

命運特質

（巨蟹座•天同、巨門）的人，是節氣為夏至到大暑前的節氣、酷暑時節的人。火氣重。天同、巨門都居陷，都屬水，夏水枯竭衰弱，命格太乾枯。你常宅在家，很難會工作，多半靠家人生活，或是啃老族。你身體易提不起勁。身體易有病，心臟及淋巴系統不好。

（巨蟹座•同巨）的人，父母會照顧你，兄弟姊妹很嫉妒你，因此感情不好。你從小體弱，常請假不上課。工作也會做做停停。有貴格的人會有高學歷和好的工作。有『明珠出海』格的人，會有富貴人生。（※『明珠出海』格請參考法雲居士所著《使你升官發財的『陽梁昌祿格』》一書。）

戀愛運

（巨蟹座•同巨）的人，你們易宅在家，原本身體弱，如果能結婚，就是戀愛高手。生於此星座的人，本命財少。要看本命的配偶運是否好，若找到較窮的配偶，會享不到福常吵架。你不會交際，幫不了配偶升官發財。找有貴格及做公務員的配偶，會帶給你平順生活。

金錢運

（巨蟹座•同巨）的人，財運不

佳，更無工作能力，靠父母接濟。若自己能工作，雖做做停停，生活過得去。你金水年財運好。火土年會生病窮困渡過了。

事業運

（巨蟹座・同巨）的人，毫無事業運，無工作，或工作也做做停停不長久，偶而打工，算是薪水族。有些人會不斷的換工作。有些人會身體不佳做啃老族，等待家人的接濟。有貴格的人，會有固定的工作，生活稍優裕。

健康運

（巨蟹座・同巨）的人，表面健康。身體有隱性的病症。要小心耳朵、心臟及內分泌、甲狀腺、淋巴系統、消化系統，腎臟、生殖系統的開刀手術。

磁場相合的星座與命格

（天蠍座・太陰）♥♥♥♥♥

（處女座・天機）♥♥♥♥

（雙魚座・太陽）♥♥♥♥

（摩羯座・巨門）♥♥♥♥

不想與其溝通的星座與命格

（金牛座・紫府）

（金牛座・紫府）的人，愛工作喜歡賺錢，排斥不工作的人。（巨蟹座・同巨）的人自相形穢，彼此看不慣。

巨蟹座＋廉貞命格的人

命運特質

（巨蟹座•廉貞）的人，是節氣為夏至到大暑前的節氣、酷暑時節的人。火氣重。廉貞屬火，夏火氣勢旺。此命格的人，要火旺，才會財運好，智謀多，企劃能力好。你們喜歡宅在家，會做很多企劃，會找離家近的工作，或在家工作。你們熱愛家庭，會努力工作護家。

（巨蟹座•廉貞）的人，命格火旺。運氣特好。但性情火爆、敏感、情緒化，做事愛拖拖拉拉，責任心重。常焦慮。有好賭習性，容易入迷，近乎盲目。命格有貴格的人會有成就。無貴格的人其學歷和事業成就都不高。

戀愛運

（巨蟹座•廉貞）的人，喜宅在家，交際較少，你們桃花運強，戀愛時不喜負責任，常溜走。結婚後會負責任。你們命格很旺的關係，性格常衝動，較喜歡在秋冬戀愛結婚。夏天多半是露水姻緣，不易結婚。

金錢運

（巨蟹座•廉貞）的人，財運極佳。你們的命格居旺，又生在火氣居旺的時節，偏財運很多。你易在家中或附近做生意賺錢。生易能越做越大。你在

紫微＋水象星座
算命更準！

火、土年能賺錢較多。火土年你們會打拼、氣勢旺。金水年你們會怠惰懶洋洋。中年以後要看大運好壞，賺錢才會多。。

事業運

（巨蟹座・廉貞）的人，會把事業放在家中，例如在家中開公司或店舖。你也喜歡在家附近上班。你們雖愛賺錢，也喜歡照顧家庭。對政治、掌權、地位都與趣較少。有貴格的人能做官。無貴格的人，是上班族或小商人命格。做餐廳也不錯。

健康運

（巨蟹座・廉貞）的人，身體健康，但很勞碌。要小心膿瘡、血液的問題、肝腎和消化系統的毛病。要小心糖尿病、胃病。

磁場相合的星座與命格

（天蠍座・貪狼）❤❤❤❤❤
（處女座・武曲）❤❤❤❤
（雙魚座・紫相）❤❤❤❤
（摩羯座・武府）❤❤❤❤

不想與其溝通的星座與命格

（處女座・巨門）

（處女座・巨門）的人有潔癖愛嘮叨，愛指責別人。（巨蟹座・廉貞）的人嫌麻煩，不想聽，彼此看不慣。

巨蟹座＋廉府命格的人

命運特質

（巨蟹座•廉府）的人，是節氣為夏至到大暑前的節氣、酷暑時節的人。火氣重。廉貞屬火，天府屬土，夏火旺，火又生土，故土也旺。此命格的人，因為命格極旺，做事很積極好動、奮發利強。你們很愛賺錢工作。也會選在離家近的工作，或宅在家裡工作。

（巨蟹座•廉府）的人，你們性格保守，敏感、情緒化，容易焦慮，有強烈的防衛心。不願私生活受到干擾。你們自我意識強，也很注重傳統，有懷舊之心。不過很重視責任，不愛人管。你們少有貴格。通常以富增貴。

戀愛運

（巨蟹座•廉府）的人，你們是外剛內柔的人，不願向惡勢力低頭。因為有懷舊心，會找到價值觀不同的情人或配偶。多半會再婚、三婚。老年時會孤獨。你們不相信別人，人生中要經常解決感情及離婚問題。

金錢運

（巨蟹座•廉府）的人，財運佳。秋冬運氣好，水是火之財，可賺錢多。夏季火土重雖運氣旺，也易水火土不平衡。你愛到處拜拜求財。人生運氣雖有起伏，你會有積蓄，生活富裕。

事業運

（巨蟹座・廉府）的人，工作運很佳，衣食富裕。也愛做與金融、衣、食業相關的行業，或能儲蓄的行業。做與水有關的行業會大發。例如做飲料業、金融業、保險業、仲介業、水產業、服飾業等。在這些行業中你很積極。能賺到大錢，你也容易爆發財運。你喜住在公司，或事業機構容易放在家裡。

健康運

（巨蟹座・廉府）的人，身體健康。但要小心膿血之症、長腫瘤或膿包，以及手足之傷、肝腎毛病、子宮、輸卵管、輸精管、攝護腺等問題。也要小心血液的問題。

磁場相合的星座與命格

（天蠍座・紫微）♥♥♥♥♥
（處女座・紫殺）♥♥♥♥
（雙魚座・武相）♥♥♥♥
（摩羯座・七殺）♥♥♥♥

不想與其溝通的星座與命格

（天蠍座・貪狼）

（天蠍座・貪狼）的人陰險又貪婪。（巨蟹座・廉府）的人不想分出利益，很難溝通，彼此看不慣。

巨蟹座＋廉相命格的人

命運特質

（巨蟹座・廉貞、天相）的人，是節氣為夏至到大暑前的節氣、酷暑時節的人。火氣重。廉貞屬火氣旺，天相屬水，夏水休囚衰弱。此命格的人，命格是水火相剋，因此性格有些衝突，很敏感、情緒化。喜歡宅在家，有強烈的防衛心，不願私生活受到干擾。你適合在家附近工作。也會把公司設在家中。你熱愛家庭，重視責任，性格十分傳統。

（巨蟹座・廉相）的人，命格缺水。在秋冬會運氣好、能力強，財福多。夏天會軟趴趴，賺錢少。生於此命格的人能年、狗年有爆發運。有貴格的人能學歷高、成就好。

戀愛運

（巨蟹座・廉相）的人，性格外剛內柔，溫和內向，傳統且有懷舊之心。你們喜歡宅在家，對家庭也有責任心。你們外表很忠厚老實，較不花心。但也對異性不瞭解，令配偶嘮叨。

金錢運

（巨蟹座・廉相）的人，財運普通，秋冬天較易賺錢多，夏天賺錢略少，你們愛在家賺錢。做網購或國際貿易都不錯。可以自家客廳來賺錢。辰、戌年有爆發運，財富會較多。你的父母不夠富裕，兄弟姊妹很愛爭財，父母會讓你來管家。你會較注重公平公正，未來得到的財產也不多。

事業運

（巨蟹座・廉相）的人，財、官二宮就是爆發格『武貪格』，逢到龍年、狗年，就會有事業錢財爆發。你適合做軍警業或直接與錢財有關的行業。如金融業、房地產、銀行、股票等工作。財運爆發時會很大。

健康運

（巨蟹座・廉相）的人，身體較弱。要小心手足之傷，有肝腎的毛病。糖尿病、免疫能力較差，以及血液的問題。地中海型貧血等。有『刑囚夾印』格，會有兔唇或傷殘。

磁場相合的星座與命格

（天蠍座・武曲）❤❤❤❤❤
（處女座・紫府）❤❤❤❤
（雙魚座・破軍）❤❤❤❤
（摩羯座・天府）❤❤❤❤

不想與其溝通的星座與命格

（天蠍座・機陰）

（天蠍座・機陰）的人陰險又情緒多變，搞事件整人。（巨蟹座・廉相）的人，不小心就上當，搞不過他。

巨蟹座＋廉殺命格的人

命運特質

（巨蟹座・廉貞、七殺）的人，是節氣為夏至到大暑前的節氣、酷暑時節的人。火氣重。廉貞屬火，氣旺。七殺屬金，夏金衰弱。此命格的人，性格衝動，非常情緒化，過於敏感。你們自我意識強，較自私，也有極強的自衛心。不願被人管或生活受人干擾。你們喜歡宅在家，或在家附近工作。若父母富裕，你們會生活優裕。通常你們較小氣吝嗇。你們身體較弱。

（巨蟹座・廉殺）的人，有貴格的人，超會讀書，會有大成就。有『廉殺羊』格局的人，超愛競爭，但身體易有開刀手術，或車禍亡故。你們命中財不多。

戀愛運

（巨蟹座・廉殺）的人，性衝動、脾氣執拗，吝嗇。缺乏戀愛術，但你們會找到好幫手做情人或配偶。多半以相親模式或與同事關係的人而結婚，能找到聽話顧家的配偶。亦能理財。

金錢運

（巨蟹座・廉殺）的人，財運還好。金水年能賺錢多。火土年會較窮。

你們能吃苦與艱險的工作，作軍警業或危險的行業，會爆發主富。

事業運

（巨蟹座‧廉殺）的人，做軍警職最佳。雜亂、救難隊、髒亂或衝鋒陷陣的工作次佳。你喜歡宅在家。做文職及從商主窮困。金水年較能多賺錢，會努儲蓄。火土年會財窮。有貴格的人，會有高成就。你會有專業技術維生。有爆發運的人，也會短暫成功。

健康運

（巨蟹座‧廉殺）的人，身體健康。幼年身體弱。要小心心臟病、血管及血液的毛病。肺部、大腸及車禍的傷害。

磁場相合的星座與命格

（天蠍座‧天府）♥♥♥♥♥
（處女座‧武府）♥♥♥♥
（雙魚座‧武破）♥♥♥♥
（摩羯座‧紫貪）♥♥♥♥

不想與其溝通的星座與命格

（處女座‧武府）

（處女座‧武府）的人，吝嗇又有怪癖，常找人麻煩。（巨蟹座‧廉殺）的人很煩感，不去招惹他。

巨蟹座＋廉貪命格的人

命運特質

（巨蟹座•廉貞、貪狼）的人，是節氣為夏至到大暑前的節氣、酷暑時節的人。火氣重。廉貞屬火居陷，不強，貪狼屬木居陷，夏木枯竭。但木會生火，此命格的人，會唸書，容易有貴格，人生較好。你喜歡宅在家，更適合讀書學習。你性格敏感，常情緒化，有很強的防衛本能。人際關係不佳，偶而有懷舊之心，十分傳統。

（巨蟹座•廉貪）的人，最適合做軍警業，若有火、鈴在巳、亥宮，會有爆發運，會有大成就與大富貴。做文職較難發富。你們易因桃花糾紛聲名掃地。要小心勿失誤。

戀愛運

（巨蟹座•廉貪）的人，脾氣外剛內柔，較內向溫和，容易有爛桃花。你們喜歡宅在家，上網搞曖昧，更喜歡性能力功夫好的人，露水情緣很多。很難找到真愛。你會糾纏不清，但最後會找到財多、對你好的配偶。

金錢運

（巨蟹座•廉貪）的人，財運不算好。花費多，不會理財。做武職佳。做文職較窮。學歷好，有專業能力會賺錢多。找到好配偶，早點結婚對你有利，配偶會帶財給你。

事業運

（巨蟹座・廉貪）的人，必須做軍警業（武職），有爆發格的人會大發成名。也能做大官。巨蟹座此命格的人，容易有貴格，學歷好。也會做科技類、專業類的事業，賺錢較多。做文職、教書較窮。有貴格的人，成就會高。大運不佳時，也會前功盡棄或提不起勁。冬天出生的配偶會點醒你，對你有幫助。

健康運

（巨蟹座・廉貪）的人，身體健康，但要小心神經系統失調的毛病。手足受傷，肝腎的毛病、性病、及腸胃等消化系統不佳等。

磁場相合的星座與命格

（天蠍座・天府）♥♥♥♥♥
（處女座・紫破）♥♥♥♥
（雙魚座・天相）♥♥♥♥
（摩羯座・紫相）♥♥♥♥

不想與其溝通的星座與命格

（牡羊座・機巨）

（牡羊座・機巨）的人很聰明，是智商高讀書也強的人，（巨蟹座・廉貪）的人比不過他，對他看不慣。

巨蟹座＋廉破命格的人

命運特質

（巨蟹座‧廉貞、破軍）的人，是節氣為夏至到大暑前的節氣、酷暑時節的人。火氣重。廉貞居平屬火，稍旺。破軍屬水，夏水枯竭衰弱。此命格的人，會肝腎、眼睛不好。身體弱。你們喜歡宅在家，財運也弱。

（巨蟹座‧廉破）的人，常敏感、情緒化，無意識的做些大膽的事。或狂妄或用腦不多的事。你們自我意識強，性格也剛強。做軍警業較好，做文職會窮。牛、羊年有偏財運會爆發。會多得財富。但命、遷二宮有文昌或文曲的人為窮命，一生不富。有貴格的人，能有成就。

戀愛運

（巨蟹座‧廉破）的人，愛宅在家，重視家庭，常發生出格的戀愛或露水姻緣。你們常有懷舊之心。與情人同居不婚，或分手、復合多次，分跟合都會快速快決。

金錢運

（巨蟹座‧廉破）的人喜歡賺快速快決的錢。不喜歡賺拖拖拉拉的錢。你們在金水年大發，火土年窘困。牛、羊年會有爆發運，能多賺錢。做軍警職或

紫微＋水象星座 算命更準！

修理行業收入佳，並有富貴的機會。

事業運

（巨蟹座・廉破）的人，做武職或從商能爆發財富。事業運上具有爆發運，官祿宮是『武貪格』，會有很多好機會，在丑、未年會爆發。你喜歡在家附近工作，或宅在家工作。工作機會多，你們若不怕復雜、髒亂就能賺大錢。做文職不富。爆發運也小。命格中有文昌、文曲的人，只會做文職，為窮命。

健康運

（巨蟹座・廉破）的人，身體表面佳，實際會破破爛爛。但要小心多傷災、車禍、開刀，肝腎問題、糖尿病、免疫能力失調、脾胃及大腸的毛病，也要小心淋巴癌和血液的問題。

磁場相合的星座與命格

（天蠍座・武貪）♥♥♥♥♥

（處女座・紫相）♥♥♥♥

（雙魚座・天相）♥♥♥♥

（摩羯座・廉相）♥♥♥♥

不想與其溝通的星座與命格

（天蠍座・武貪）

（天蠍座・武貪）的人有計謀、看重錢財。（巨蟹座・廉破）的人命格層次不同，彼此看不慣。

巨蟹座＋天府命格的人

命運特質

（巨蟹座•天府）的人，是節氣為夏至到大暑前的節氣、酷暑時節的人。火氣重。天府五行屬土，夏天火土相生居旺。此命格的人，愛存錢，也愛賺錢。財庫豐滿。你喜歡宅在家，專門研究賺錢的門道。

（巨蟹座•天府）的人，你愛在家裡或家附近的地方工作。做管帳人員，軍警業或做會計或金融業會適合你。不能做與傷災、刀劍有關的行業，會刑財也財富不豐。有昌、曲在『命、財、官』的人會有特殊才藝來賺錢。命格中有貴格的人會，會成就高。無貴格的人，平凡渡日。

戀愛運

（巨蟹座•天府）的人，你熱愛家庭，喜歡宅在家，但夫妻宮是破軍。總找到和自己想法和價值觀相反的對象。常吃虧上當。婚姻運不好，有多次婚姻。你們很情緒化，防衛心強，卻又有懷舊之心。慎選配偶。生活才能平順。

金錢運

（巨蟹座•天府）的人，超愛賺錢及存錢。但財運有起落周期。夏天財運普通，因為缺水、火土旺。冬天財多。

你容易存錢不易，但你會努力存錢。天府是財庫星，必須存得住錢，才是財庫。你們會奮力儲蓄。

事業運

（巨蟹座•天府）的人，喜宅在家。要做與財務相關的工作較好。若算帳不行的人會稍窮。也適合做軍警業或仲介業、金融業。做自營商亦可。你們天生愛數錢，但未必會管帳理財。如果有其他能唱歌、跳舞賺錢的工作，你也會奮力去努力學習、去賺。

健康運

（巨蟹座•天府）的人，身體健康，重要的是脾胃、大腸的問題。此外高血壓、心臟病、肝腎問題、糖尿病、手足傷、膀胱、生殖系統都要小心。

磁場相合的星座與命格

（天蠍座•紫殺）♥♥♥♥♥
（處女座•七殺）♥♥♥♥
（雙魚座•紫相）♥♥♥♥
（摩羯座•武府）♥♥♥

不想與其溝通的星座與命格

（金牛座•武府）

（金牛座•武府）的人吝嗇節省，超會賺錢，更會存錢，（巨蟹座•天府）的人賺錢比不過他，看不慣他。

巨蟹座＋太陰命格的人

命運特質

（巨蟹座•太陰）的人，是節氣為夏至到大暑前的節氣、酷暑時節的人。火氣重。太陰屬水，水火相剋，夏水也休囚枯竭。此命格的人，外表悶悶的，有時常不耐煩。因命格缺水，易情緒化，喜宅在家，常提不起勁。四肢軟趴趴。

（巨蟹座•太陰）的人，很敏感、外剛內柔。有強烈的自衛本能，不喜私生活受到干擾，自我意識強，重視責任。你們是熱心公益的人，外表親和謙恭。有貴格的人，有高學歷及較穩定的工作事業。是以薪水族的格局。你們的異性緣很好，以戀愛結婚及家庭生活為重。

戀愛運

（巨蟹座•太陰）的人，有懷舊之心，喜歡宅在家。個性傳統。你超愛談戀愛，會與女性不合。此命格的男性會找較陽剛的配偶結婚，被妻管嚴。女性會積極戀愛過家庭生活。你們會以同學，鄰居、或同事等的人為對象。

金錢運

（巨蟹座•太陰）的人，本命較弱，命格裡有水來助命的，會生活平順。命格中缺水的，會較窮。你們愛管錢算帳。但未必能存錢主富。你們雖愛買房地產。要看大運好壞，才能房地產存得住。金水年較財多。有爆發運的人也要在金水年，才發得大。

事業運

（巨蟹座‧太陰）的人仍是上班族或不工作。因為命格中缺水嚴重，財不多。你們喜宅在家、或是在家中或銀行、公司做電腦記帳的工作。你們適合做計算、文職的工作，做軍警武職也會管文書，你們喜買房屋，但做房地產不適合。有貴格的人，會有大成就與富貴。有爆發運的人，會發財也會成就高。

健康運

（巨蟹座‧太陰）的人，健康，但要小心脾胃、大腸、肺部，肝腎或淋巴系統的毛病。也要注意生殖系統、乳癌、子宮或精囊、性病等問題。

磁場相合的星座與命格

（天蠍座‧太陽）♥♥♥♥♥
（處女座‧天機）♥♥♥♥
（雙魚座‧巨門）♥♥♥♥
（摩羯座‧陽巨）♥♥♥♥

不想與其溝通的星座與命格

（雙魚座‧同陰）

（雙魚座‧同陰）的人很情緒化，又有公主病或王子病，（巨蟹座‧太陰）的人也被打敗了，比不過他。

巨蟹座＋貪狼命格的人

命運特質

（巨蟹座・貪狼）的人，是節氣為夏至到大暑前的節氣、酷暑時節的人。火氣重。貪狼五行屬木，木火相生很旺，但夏木枯萎缺水又氣弱。此命格的人，脾氣暴躁，又喜悶在家。很情緒化、容易懶洋洋，做事馬虎，草率。性格好似乾脆，常感無能為力。貪狼本是好運星，夏季火旺，優點是爆發運強和容易有貴格。

（巨蟹座・貪狼）的人，喜歡固定工作，不愛移動。適合做軍警武職。命格中有『爆發格』的人，會有爆發運，也能擁有軍功及大財富。命格中有貴格的人能有大成就及地位。秋冬時你運氣較好，財、官運也好。夏天易爆發。

戀愛運

（巨蟹座・貪狼）的人，喜宅在家，若談網路戀愛是戀愛高手，你們較傳統，很戀舊。你們多半晚婚，最後能找到幫助你理財及事業成功的配偶。你的對象多半是成長過程中你熟識的人。

金錢運

（巨蟹座・貪狼）的人，雖然讀書運很強，容易有貴格。但須要打拼才會有富貴。你們天性較浪費，不太會存錢。

紫微＋水象星座
算命更準！

通常父母會遺留家產給你，配偶會帶財富給你。有爆發運的人會爆發大財富。若財少的人，會做薪水族過活。

事業運

（巨蟹座・貪狼）的人，做軍警武職較適合。人生易有大成就。你們易有貴格，喜歡做文職會做文教業、出版業、印刷業，多辛苦費力，賺錢不多。火土年你們容易大發爆發運，金水年財運強。夏天較悶，在冬天運氣好。以金水旺的事業能助你多賺錢。

健康運

（巨蟹座・貪狼）的人，身體健康。但要注意消化系統及神經系統的毛病，心臟病、高血壓，手足的問題，和性病。生殖系統的毛病。

磁場相合的星座與命格

（天蠍座・武曲）♥♥♥♥♥
（處女座・武貪）♥♥♥♥
（雙魚座・紫微）♥♥♥♥
（摩羯座・武相）♥♥♥♥

不想與其溝通的星座與命格

（金牛座・武貪）

（金牛座・武貪）的人，是爆發王和守財奴，（巨蟹座・貪狼）的人爆發運不如他，彼此看不慣。

巨蟹座＋巨門命格的人

命運特質

（巨蟹座•巨門）的人，是節氣為夏至到大暑前的節氣、酷暑時節的人。火氣重。巨門五行屬水，夏水休囚枯竭氣弱。此命格的人容易肝腎弱。眼睛不好，喜歡宅在家。有時也會懶洋洋，四肢無力。你們人生中是非多，中年以後較怠惰。要靠口才吃飯。命格中有貴格的人，會成就較大。

（巨蟹座•巨門）的人，幼年有腸胃炎或肝膽疾病、或淋巴方面的疾病隨身。有些人可能會做養子，成年後命運好轉，有貴格及命格高的，可做民意代表。金水年會賺大錢，火土年窘困。你們秋冬運氣好，夏天運氣差。有爆發運的人會有大富貴。

戀愛運

（巨蟹座•巨門）的人，喜歡宅在家及家庭生活，能用戀愛術找到既會理財、又美麗溫柔的配偶。配偶更為他帶來更多財富。人生會美滿幸福。

金錢運

（巨蟹座•巨門）的人，愛宅在家，會找離家近的工作，或在家工作，財運起伏多，以口才或是非糾紛混飯吃，教師、律師、法官，黑道等，你們很喜歡生活享受。本命是薪水族，有些人會爆發財富。金水年較富裕。

事業運

（巨蟹座・巨門）的人，本命是薪水族。有貴格的人，會做教師、律師、法官，高級公務員或民意代表、立法委員、牧師。會有大成就。一般人做保險員、業務員，金融操作員、販售貨品，生活平順。也有做啃親族的人。

健康運

（巨蟹座・巨門）的人，健康尚可，幼年要小心腸胃炎，一生要小心消化系統、大腸的問題、淋巴系統、血液、尿道、及內分泌系統、淋巴癌、耳朵、心臟、便秘、痔瘡、免疫系統、甲狀腺等問題。

磁場相合的星座與命格

（天蠍座・太陽）❤❤❤❤❤
（處女座・天機）❤❤❤❤
（雙魚座・太陰）❤❤❤❤
（摩羯座・同梁）❤❤❤❤

不想與其溝通的星座與命格

（巨蟹座・武曲）

（巨蟹座・武曲）的人討厭錢財不清的人。（巨蟹座・巨門）的人，道德標準不同，彼此看不慣。

巨蟹座＋天相命格的人

命運特質

（巨蟹座•天相）的人，是節氣為夏至到大暑前的節氣、酷暑時節的人。。火氣重。天相屬水，夏水休囚枯竭氣弱。此命格的人，敏感內向，很情緒化，外剛內柔，自我意識強。有很強的防衛本能。不喜私生活被干擾。天相原本是勤勞的福星，但此時你易懶洋洋，四肢無力，喜宅在家。

（巨蟹座•天相）的人，天生會幫助家庭整理糾紛及困窘，會情緒好時修補一下。會在金水年及秋冬時較順利。在火土年及夏天較困窘。你講究公平、公道，常檢查公不公平。雖然你的父母對你好，仍使你常心裡嘀咕。

戀愛運

（巨蟹座•天相）的人，愛宅在家，又戀舊。你的環境會複雜混亂。你常會以自己的想法去想別人。你容易不瞭解情人。思想相差很遠。婚後你才會發覺跟你想的不一樣，但卻要花很大的代價逃離或離婚。

金錢運

（巨蟹座•天相）的人，喜宅在家工作、或找離家近的工作，工作時也會勤勞認真。很能存錢儲蓄。會做整理工作、餐廳工作、會計、理財行業或金融業、清潔服務業、照顧幼兒、月子中心等行業。你們會做上班族，努力存錢。也會有父母留的家產。生活無憂。

事業運

（巨蟹座・天相）的人，金水年工作很勤奮。火土年會辛苦。此命格的人，對家庭有責任感，會做職位不高的工作。工作穩定。由其會做整理善後的工作，清潔服務業、月子中心等行業。有貴格的人，有高學歷、能有大成就。有爆發運的人也能成功。

健康運

（巨蟹座・天相）的人，身體健康。但要小心地中海型貧血、高血壓、頭痛、泌尿系統、膀胱、內分泌系統、糖尿病、耳朵、腎臟、淋巴系統的問題。

磁場相合的星座與命格

（天蠍座・天府）♥♥♥♥♥

（處女座・破軍）♥♥♥♥

（雙魚座・天同）♥♥♥♥

（摩羯座・天梁）♥♥♥♥

不想與其溝通的星座與命格

（雙子座・陽巨）

（雙子座・陽巨）的人聰明，口才好、計謀多，會指使別人，（巨蟹座・天相）的人與他不合看不慣。

巨蟹座＋天梁命格的人

命運特質

（巨蟹座‧天梁）的人，是節氣為夏至到大暑前的節氣、酷暑時節的人。火氣重。天梁五行屬土，夏土氣旺。故此命格的人，氣勢特佳。蔭庇特佳，復建特佳。但你會因為土多較愚鈍，也會喜宅在家，不愛動。

（巨蟹座‧天梁）的人，有貴格的人較少。命宮在巳、亥宮居陷的人，易飄零天涯。你們都會在金水年和冬天運氣較佳，頭腦也清楚。金水年有爆發格的人會有富貴。天梁是復建之星，家裡必有災難須要復建，由其巨蟹座的天梁是居旺的，由其要狠狠復建一番，故要小心大災難的發生。

戀愛運

（巨蟹座‧天梁）的人，喜宅在家，更愛戀舊。會跟周圍相近的人戀愛，但常有戀愛糾紛，或有多角戀愛糾纏。你們不怕麻煩，喜歡棋逢對手的人。婚後家中天天鬥法，耳根不清靜，不過你鈍鈍的腦子完全不在乎。

金錢運

（巨蟹座‧天梁）的人，是薪水族的財運格局。你不太有貴格，會有爆發格，會有固定工作賺錢，父母雖不富，仍會留財產給你。衣食過得去。你的爆發格很可能是父母離世後的遺產繼承。

事業運

（巨蟹座•天梁）的人，工作運有起伏。做武職佳。天生有蔭疪，土多較無貴格的人。有爆發運的人加上蔭庇會繼承遺產，得富貴。你們本命土多，智力較不足，無法企劃大事業。你適合的工作有慈善業、醫療業的照護工、護理人員、廟公、乩童、軍警、資源回收人員、建築工的人員、陶瓷類工作人員、餐廳工作人員、醫院醫療處理人員、加油站工作人員等。

健康運

（巨蟹座•天梁）的人，身體好。但要小心脾胃問題、肺部、支氣管炎、感冒、大腸、糖尿病、免疫能力等問題。

磁場相合的星座與命格

（天蠍座•太陽）♥♥♥♥♥
（處女座•太陰）♥♥♥♥
（雙魚座•機巨）♥♥♥♥
（摩羯座•天同）♥♥♥♥

不想與其溝通的星座與命格

（天秤座•破軍）

（天秤座•破軍）的人很隨心所欲的把是非亂流竄。（巨蟹座•天梁）的人對他，彼此看不慣。

巨蟹座＋七殺命格的人

命運特質

（巨蟹座・七殺）的人是節氣為夏至到大暑前的節氣、酷暑時節的人。火氣重。七殺屬金，夏金休囚氣弱。此命格的人，性格很悶，但自有主見。外表堅毅敏感，有強烈的防衛心，喜宅在家，不願私生活受到干擾。你很注重家庭生活，重視責任，肯擔當。你須要水來濟命，財富會增多。

（巨蟹座・七殺）的人，愛享受過家庭生活。一般運氣都還不錯，多努力能賺大錢。有些人會有爆發運，也能幫忙得到財富。火土運的運氣時，要小心車禍、受傷、開刀，及肺癌與大腸癌的病變。你須要金水運來幫你助運。你們較少有貴格，做軍警業有大發展。

戀愛運

（巨蟹座・七殺）的人，你喜歡宅在家，會在周遭朋友群或讀書時期中遇到戀愛對象，決定結婚也很快。如果不合適，要分手時也快，不多糾纏。此命格的人能找到好幫手共創幸福。

金錢運

（巨蟹座・七殺）的人，財運不錯。喜在家賺錢。或在家附近工作。你們對金錢有敏感力，收入大都不錯。此命格的人金水年財運奇佳，有些人還有爆發運，會為你們創造大財富。父母也會給較多財產，終身富足。

事業運

（巨蟹座・七殺）的人，喜宅在家工作，或在家附近工作。做軍警職業能立大功賺到大財富與地位。文職較不富。因為有貴格的人少對錢財的嗅覺靈敏，打拼力較差。做五行屬金行業的商人，如做金屬器具或金融業，能賺多一點。有爆發運的人適合買彩券中獎致富。

健康運

（巨蟹座・七殺）的人，兒時身體差，常感冒，易生病。長大就好了。但要小心很多傷災、車禍及開刀，還有大腸、肺部，支氣管炎、免疫能力等的問題。

磁場相合的星座與命格

（天蠍座・武府）❤❤❤❤❤

（處女座・紫府）❤❤❤❤

（雙魚座・天府）❤❤❤❤

（摩羯座・紫殺）❤❤❤❤

不想與其溝通的星座與命格

（天秤座・天同）

（天秤座・天同）的人油滑愛玩、超不負責任。（巨蟹座・七殺）的人對此很生氣，彼此看不慣。

巨蟹座＋破軍命格的人

命運特質

（巨蟹座・破軍）的人，是節氣為夏至到大暑前的節氣、酷暑時節的人。火氣重。破軍五行屬水，夏水枯竭休囚氣弱。此命格的人，會懶洋洋，又情緒化，外剛內柔。你會自我意識強，容易敏感焦慮。個性反覆不定。破軍是耗星，易耗財與健康較弱。

（巨蟹座・破軍）的人，不願私生活受到干擾，喜宅在家，會有懷舊之心，你天生膽子大。做軍警業會有成就。命格中有貴格的人少，有文昌、文曲，反而是窮儒色彩的人。若有爆發運的人會大起大落。傷災和病痛常跟隨你。

戀愛運

（巨蟹座・破軍）的人，很戀舊，喜宅在家。戀愛對象是舊時朋友或同學。會把戀愛搞得轟轟烈烈，但未必有結果。即使分手，也會速戰速決。你可能二婚、三婚，感情易起伏不定。

金錢運

（巨蟹座・破軍）的人，金水年財運好，火土年財運差。財運有起伏。做軍警武職較平順，做文職會窮。有爆發運的人會得大財富。不能從商，創業會失敗。秋冬財運好，夏季財運差。

事業運

（巨蟹座・破軍）的人，喜宅在家或在家附近工作。官祿宮是貪狼，工作上有好運，但要多跑跑。做軍警武職最好，須立戰功，才會有大富貴。其他做品項雜亂、複雜多變的工作，很能勝任。金水年財進財出，有錢賺，享受也多。火土年耗財多。有爆發運的人具有大成就。你們不適合做文職。

健康運

（巨蟹座・破軍）的人，大致健康。小時頭臉破相，中年要小心傷災、車禍、開刀等事。因為必有一破，破在健康。也要小心淋巴癌、泌尿系統、內分泌系統、糖尿病等的問題。

磁場相合的星座與命格

（天蠍座・紫相）❤❤❤❤❤
（處女座・天相）❤❤❤❤
（雙魚座・天同）❤❤❤❤
（摩羯座・七殺）❤❤❤

不想與其溝通的星座與命格

（天秤座・武府）

（天秤座・武府）的人假裝好心，又超怕別人刑剋劫財，（巨蟹座・破軍）的人討厭被懷疑，彼此看不慣。

巨蟹座＋祿存命格的人

命運特質

（巨蟹座‧祿存）的人，是節氣為夏至到大暑前的節氣、酷暑時節的人。火氣重。祿存五行屬土，夏土火增土旺。此命格的人，個性悶一點、鈍一點。因為命格土多。你們天生自有財，是宅在家的守財奴。金水年時會頭腦清楚、財運旺。

（巨蟹座‧祿存）的人，容易有自卑感。此命格的人，只重衣食，是吝嗇節儉的人。有『陽梁昌祿格』的人，會有高學歷及高成就。你們幼年辛苦，一生起伏多舛，長大會變好。你們較少有爆發運。

戀愛運

（巨蟹座‧祿存）的人，愛宅在家，喜歡家庭生活。但個性內向，常因吝嗇而不婚。你們多半相親結婚。或和舊識的鄰居、朋友、同學結婚。婚後易為錢財爭執。

金錢運

（巨蟹座‧祿存）的人，是特別吝嗇節儉的人，也特別頑固。中晚年能得到父母的遺產。此命格的人金水運較好，生財稍多。秋冬季會勤奮努力，愛賺錢。有貴格的人，賺錢較多也容易一些。

事業運

（巨蟹座・祿存）的人，因為命格土多較鈍，智商不高，不喜歡做外勤工作。有簡單的專門手藝及專業知識較好，你們不在乎職位高低，會勤守崗位，很少請假。你們性格保守固執、不愛變化，薪水和職位都不高，會認真聽話堅持在崗位上，讓老闆很放心，是稱職又便宜的員工。你們重視家庭，會找離家近的工作。

健康運

（巨蟹座・祿存）的人，幼年身體弱，常生病。青少年變好。他們多半大腸、脾胃不好，幼年常感冒，因此要小心肺部、氣管、大腸、頭部、免疫能力的毛病。

磁場相合的星座與命格

（天蠍座・紫府）❤❤❤❤❤
（處女座・天相）❤❤❤❤
（雙魚座・武相）❤❤❤❤
（摩羯座・紫貪）❤❤❤❤

不想與其溝通的星座與命格

（雙座・貪狼）

（雙子座・貪狼）的人聰明愛漂亮，隨意花錢不手軟，（巨蟹座・祿存）的人覺得心疼不已，彼此看不慣。

巨蟹座＋擎羊命格的人

命運特質

（巨蟹座‧擎羊）的人，是節氣為夏至到大暑前的節氣、酷暑時節的人。擎羊五行屬金，夏金休囚受剋氣弱。此命格的人，喜歡宅在家，性格悶一點。也會過於敏感及情緒化。你們防衛心強，不願受人干涉。自我意識強，也會有懷舊之心。有些傳統。平常你們一點虧都不吃，喜與人競爭，喜歡記恨報復。

（巨蟹座‧擎羊）的人，有貴格的人會有大成就。有『馬頭帶箭格』的人，能做大將軍，能威震邊疆，在軍警業稱雄。一般命格的人做與刀劍行業、外科醫生、救難隊、與血光有關的醫療業都很適合。決斷性行業，如有人在法院、監獄工作，或做喪葬業、遺體化粧師等工作。

戀愛運

（巨蟹座‧擎羊）的人，喜宅在家，或用相親方式找結婚對象。你們常愛得深，或愛到發狂、死纏爛打，常易是恐怖情人，也易是變態的虐待情人或殺害情人。普通人的戀愛運有好有壞。

金錢運

（巨蟹座‧擎羊）的人，財運起伏不定。常吝嗇又花錢多。生活痲煩事多，總有拮据困頓的時候，有些人會不工作，找人養。也有做黑道或流氓搶錢。有些人也會有爆發運能發大財。

事業運

（巨蟹座．擎羊）的人，做軍警業、或三刀及三師都很強。如理髮師、廚師、剪裁師，或外科醫生、醫療、寵物醫療、開刀有關的行業，會賺到錢。做文職主窮困。你們所做的行業大都是競爭厲害或血光嚴重、決斷性的行業。

健康運

（巨蟹座．擎羊）的人，幼年難養，長大後強壯。你出生時母親出血多，或生子而亡。要小心車禍、外傷、頭面破相，眼睛不好，易生肝病和腎病，也會有癌症，容易有開刀現象，肺部、大腸，免疫能力等問題。

磁場相合的星座與命格

（天蠍座．天同）♥♥♥♥♥
（處女座．廉相）♥♥♥♥
（雙魚座．天相）♥♥♥♥
（摩羯座．紫微）♥♥♥♥

不想與其溝通的星座與命格

（處女座．廉府）

（處女座．廉府）的人謹慎怕劫財，（巨蟹座．擎羊）的人對財星有刑剋，價值觀不同，彼此看不慣。

巨蟹座＋陀羅命格的人

命運特質

（巨蟹座•陀羅）的人，是節氣為夏至到大暑前的節氣、酷暑時節的人。火氣重。陀羅五行屬辛金，夏金受剋氣弱。此命格的人，會懶洋洋，愛宅在家，不愛動。通常做事粗魯，會笨。會有精神上的問題。有自我有精神折磨。

（巨蟹座•陀羅）的人，你們常情緒化，容易相信陌生人，不相信自家人，一生是非多，賺錢不易。常暗中行惡事害人、騙人，品行不佳、還會記恨報復。你們適合做軍警業，可立戰功成就大富貴。你們也有爆發運，可發富。你必須離家發展，才會展開新人生。

戀愛運

（巨蟹座•陀羅）的人，婚姻不順，會拖拖拉拉結不成婚，或戀愛多是非，結婚困難。婚後並不幸福，夫妻會相互打架吵架。你們常同居不婚。也時常家暴離婚。擎羊坐命者是最佳伴侶。

金錢運

（巨蟹座•陀羅）的人，財運不好，工作容易拖延，老闆會晚發薪水或拖欠薪水。運氣糟。做軍警業由國家發薪會平順。你若有爆發運可發大財。或成就大事業。金水年你會財運好。

事業運

（巨蟹座‧陀羅）的人，只有做軍警業才會穩定。做文職會窮困，失業。命格低者會做墓園、喪葬業者，或撿骨師。工作斷斷續續。倘若你有爆發運時，會出人頭地，有大富貴。若命格有貴格，可做大將軍，或有高地位。此命格的普通人會頭腦不清，有些在家做啃老族。有時會吸毒品或強力膠，又犯案，是警察頭痛的人物。

健康運

（巨蟹座‧陀羅）的人，健康還好，但頭面有破相，有牙齒的傷害、手足傷，肺部、氣管、大腸、免疫系統有問題，也易生癌症。還有皮膚病或身上長瘤。

磁場相合的星座與命格

（天蠍座‧天同）❤❤❤❤❤

（處女座‧廉相）❤❤❤❤

（雙魚座‧紫微）❤❤❤❤

（摩羯座‧同梁）❤❤❤❤

不想與其溝通的星座與命格

（牡羊座‧鈴星）

（牡羊座‧鈴星）的人智商高、脾氣衝、討厭笨人。（巨蟹座‧陀羅）的人心知肚明，彼此看不慣。

天蠍座

（10 月 24 日～11 月 21 日）

天蠍座・星座探秘

●位次與主管事項：

位於第八宮。主管遺產、情感、性關係、股票、保險、大財團、犯罪。

●能力與特質

具有高度的洞察力，及保密能力。吃虧會反擊。
神秘，愛恨分明、佔有慾強、好勝心強。
天蠍座的人富有旺盛的鬥志。祕密，殘暴、獸性。
個性強烈衝動、精力和膽識強、不怕艱難。
觀察敏銳、能洞悉事情真相、有獨到見解。
對情能採取破壞和創新處理方式。充滿神秘色彩。
過於理想化、不按牌理出牌，愛打破砂鍋問到底。
深謀遠慮、沉著、在精神和物質的要求高。

●戀愛速配對象

第一名：巨蟹座、雙魚座
第二名：摩羯座、處女座

●誕生石及幸運色及飾品

誕生石：黃玉
幸運色：深紅色、褐紅色、葡萄紅
幸運飾品：鐵

●幸運旅行國家及城市

英國利物浦、美國華盛頓、挪威、摩洛哥。

天蠍座

（10月24日至11月21日）

天蠍座＋紫微命格的人

命運特質

這個天蠍座月份的『紫微』坐命者是出生在霜降經立冬到小雪間節氣的時節。初冬寒氣盛。紫微五行屬土，冬土氣弱，要有火，稱為『寒谷回春』。此命格的人，會個性沉著，愛恨分明、精力和膽識強。不怕艱難。此命格的人，愛面子，嚴肅、穩重、自信心強，雖小心謹慎，對人懷疑心強，喜歡掌控主導權。

（天蠍座‧紫微）的人，能吃苦耐勞、對精神和物質的要求高，你們常有小確幸生活順遂，因為命格太寒涼，你們缺乏熱情，充滿神秘色彩。若命格中有爆發運的人，會有大財富。你們的工作多半以公務員、薪水族格局為主。你們富有深謀遠慮，適合開拓業務，事業會有成就。

戀愛運

（天蠍座‧紫微）的人，是神秘又愛恨分明的人，佔有慾強。個性強烈衝動。觀察力敏銳，見解獨到，常缺乏熱情。但感情細膩，如果有人負你，則會報負對方。你是外冷內熱，很須要愛情。會遇強則強，精心選擇情人或配偶的。你會喜歡能力強的配偶。

紫微＋水象星座 算命更準！

金錢運

（天蠍座・紫微）的人，對錢財深謀遠慮，衣食無憂。有存款和房地產進進出出。命格中有火的人可以爆發財運，你們在火土年財運大好。

事業運

（天蠍座・紫微）的人，工作運不錯。可做企業或機關主管。須命格中火多，也能做大老闆的。你們特殊處理事情的方式，是用破壞和創新雙管齊下。但你們觀察力及第六感能力強，見解獨到，做業務或開疆闢土的工作，最適合你們。勇往直前就會成功。

健康運

（天蠍座・紫微）的人，身體健康，亦會常有小感冒或腸胃、消化道的小毛病，問題不大。此命格要小心心臟病、高血壓、腦溢血、中風等問題，或耳病、手足傷災。

磁場相合的星座與命格

（巨蟹座・廉府）❤❤❤❤❤

（雙魚座・武相）❤❤❤❤

（摩羯座・天同）❤❤❤❤

（處女座・貪狼）❤❤❤❤

不想與其溝通的星座與命格

（天秤座・廉貪）

（天秤座・廉貪）的人，愛天馬行空的到處遊玩，不喜被人管，（天蠍座・紫微）的人和他不合。

天蠍座＋紫府命格的人

命運特質

天蠍座的『紫微．天府』坐命者，是出生在霜降經立冬到小雪間節氣的時節。初冬寒氣盛。紫微和天府都是五行屬土，冬土氣弱須火暖土，才為有用之土。此命格的人，會在復建和存款方面稍弱。健康也弱。

（天蠍座•紫府）的人，此命格的人個性沉著能吃苦耐勞，愛恨分明，不怕艱難，但命格中少有貴格，喜歡賺錢，你們會在龍年及狗年會有『爆發運』，此命格的人須命中有火，或逢丙、丁的大運，否則爆發運會發得小或較弱。

（天蠍座•紫府）的人，性格冷靜，觀察力敏銳和第六感強，存錢理財能力稍弱。可多存些房地產。你們復建能力也稍弱，但會解決家中財務問題。

戀愛運

（天蠍座•紫府）的人，個性沉著，表面缺乏熱情，但觀察敏銳，愛恨分明。你們婚姻運不佳。會找到價值觀不同的人結婚或戀愛。你們重視性愛生活，有時又過於理智，因此戀愛和結婚次數多。你們重視會賺錢，又性愛能力好的人，有點難找。一生都在找愛，所幸你們很有持續精神，不斷嚐試。

金錢運

（天蠍座•紫府）的人，財運還好。很愛賺錢。對金錢的敏感力強，但有時打拼力會不足。每隔幾年有一次爆發運。所以你們會擁有不少存款和房地

紫微＋水象星座 算命更準！

產。此命格的人很愛享受，財產普通。你們會在火土年及夏天較愛打拼，賺錢較多。，財富多有增多。金水年及冬天，會懶散困窘。

事業運

（天蠍座・紫府）的人，會事會深謀遠慮，對人會愛恨分明、你們對事會觀察敏銳，精力和膽識強。不怕艱難，堅持要成功。對賺錢的敏感性很強，又有爆發運，賺錢機緣很好。在公司機構中做小主管。但命格中少有貴格，文化層次不高。要成為企業機構或集團大老闆的機會很少。你只是一個普通的小富翁。能賺到大錢，或發大財機會少。

健康運

（天蠍座・紫府）的人，身體健康。但要小心脾胃、大腸等問題。有時有肺部、感冒、耳病的問題。也要小心乳癌，或生殖系統的毛病。

磁場相合的星座與命格

（巨蟹座・武曲） ♥♥♥♥♥
（雙魚座・廉相） ♥♥♥♥
（摩羯座・武相） ♥♥♥♥
（處女座・七殺） ♥♥♥♥

不想與其溝通的星座與命格

（金牛座・廉府）

（金牛座・廉府）的人固執又愛錢、吝嗇，（天蠍座・紫府）的人神祕、佔有慾強、很小氣，各有複雜的心思。

天蠍座＋紫相命格的人

命運特質

（天蠍座的『紫微・天相』坐命者，是出生在霜降經立冬到小雪間節氣的時節。初冬寒氣盛。紫微五行屬土，天相福星屬水，冬水稍旺。本命土剋水，冬土及水都缺火暖命。是故外表有些酷酷的。此命格的人，個性沉著，愛享福，有深謀遠慮。凡事觀察敏銳，有獨到見解。你們很厭煩家中的瑣事、麻煩問題與困難。會採取破壞與創新的處理方式。

（天蠍座的『紫相』）坐命者，理想多，佔有慾強烈，愛恨分明。有時也會衝動，精力和膽識強。你較缺乏蔭庇，容易無貴格，因此讀書、考試較不容易中大榜。在工作上要靠自己打拼努力，升職較慢，不怕艱難。你們性格很急躁、愛鑽牛角尖。財運只是普通的好，工作要很多營謀才行。此命格的人，陰男陽女逆時針行大運較佳，順行運者，只有幼年運佳，其他的大運都很弱。

戀愛運

（天蠍座・紫相）的人，性格沉著、有時也會強烈衝動，外貌體面氣派、善良，但佔有慾強，愛恨分明，非常專一，很神祕有魅力，是男女追求的好對象。你們不會哄人，對異性的想法無知。會晚婚，或找到性格不合、價值觀不合的對象而爭執不斷，婚姻運不算好。

金錢運

（天蠍座・紫相）的人，財運還可

以，用第六感在理財。對賺錢的事雖敏感，家人和朋友會都讓他花錢多。你會在精神和物質上要求高。也會一直想掙脫家人的束縛。享受自己的舒適生活。雖然表面看起來財運很好，但大多數人都存不住錢。

事業運

（天蠍座•紫相）的人，是公務員型的上班族。工作須不斷的營謀，才能有發展。你們常規劃營謀，理想遠大，精力和膽識強。但理想趕不上變化，常中途就斷了。你們適合做解決善後、或貨物品項多的主管人員。也適合衣食業。

健康運

（天蠍座•紫相）的人，在身體健康很好。但要小心淋巴及膀胱、泌尿系統方面、糖尿病、貧血等的毛病。或水道系統的問題。

磁場相合的星座與命格

（巨蟹座　武府）♥♥♥♥♥

（雙魚座　廉府）♥♥♥♥

（摩羯座　破軍）♥♥♥♥

（處女座　機梁）♥♥♥♥

不想與其溝通的星座與命格

（天秤座　同巨）

（天秤座•同巨）的人凡事無所謂、喜歡聊天，說是非，（天蠍座•紫相）很有計謀，覺得他沒知識腦筋。彼此看不慣。

天蠍座＋紫貪命格的人

命運特質

（天蠍座・紫貪）的人，是出生在霜降經立冬到小雪間節氣的時節。初冬寒氣盛。紫微五行屬土，冬土氣弱。貪狼屬木，本身命格有點土木相剋，冬木盤屈在地。此命格的人，會對人外冷內熱，你們運氣普通，在復建方面也弱。個性沉著，愛恨十分強烈。更會深謀遠慮，對人對事觀察敏銳，有恐怖的的六感、及推測能力。愛思考。

（天蠍座・紫貪）的人，人數上是不算多的。通常精力和膽識強。紫微復建的力量還強。所以你是長相氣派的人。命格中火多的人會爆發，運氣好。

（天蠍座・紫貪）的人，天蠍座有時憂鬱，有時活潑，但紫貪坐命的人會稍為衿持一點。有貴格的人會有成就。你們會找到多金的配偶。配偶能對你的助力大。你們容易沾惹桃花問題，小心損害名聲與前程。有爆發運的人，會爆發財富與成就。

戀愛運

（天蠍座・紫貪）的人，在戀愛運與婚姻運上都超好。你們常被人選中為對象，你們會愛恨分明、自主意識強。你會選擇一位財富及能力都好，又對你最有幫助的人做配偶，這人也會是同時具有性愛能力的人。精神與肉體並重。

金錢運

（天蠍座・紫貪）的人，財運較

差，你浪費多，不會理財，賺錢能力不佳，幸而有能幹的配偶，帶財給你，又幫你理財，才平順。有爆發運的人，會有大財富。一般人做軍警業、公務員，生活平順。

事業運

（天蠍座・紫貪）的人，在事業運上，做軍警職，能升將官高官。若再有爆發運，能青雲直上做部長級的大官。也有些人能爆發大財富，或富貴都有。命格中有貴格的人，會有大成就和高地位。此命格的人生活浪費，愛享受，不會把智謀用在事業上，做文職較窮困不富。

健康運

（天蠍座・紫貪）的人，身體康健，但要小心高血壓、心臟病等，以及耳病、或性病。也要小心痛風、痔瘡、大腸、消化系統、四肢酸痛的病變。

磁場相合的星座與命格

（巨蟹座・天府）♥♥♥♥♥
（雙魚座・廉府）♥♥♥♥
（摩羯座・廉殺）♥♥♥♥
（處女座・祿存）♥♥♥♥

不想與其溝通的星座與命格

（天蠍座・陽巨）

（天蠍座・陽巨）的人計謀多、話多，不單純，是非多。（天蠍座・紫貪）的人嫌麻煩不想惹他，懶得理他。

天蠍座＋紫殺命格的人

命運特質

（天蠍座•紫殺）的人，是出生在霜降經立冬到小雪間節氣的時節。初冬寒氣盛。紫微五行屬土，冬土氣弱。七殺屬火金，冬金為過氣洩弱之金。此命格的人，打拼與復建的力量都較弱。

（天蠍座•紫殺）的人，個性表面沉著，實則強烈衝動，愛恨分明。感情豐富，高興時很健談，對人外冷內熱，受到不公平對待會報負反擊。此命格的人對精神和物質的要求高。雖對錢財嗅覺雖靈敏，能吃苦耐勞，未必會努力去賺。命格中有火的人會積極賺錢。

（天蠍座•紫殺）的人，出生時是父母正忙於工作之時，故你們也覺得該努力賺錢，但運氣和精神常不濟。你們的爆發運在丑、未年，能擁有較大財富。但你們少有貴格，故讀書普通，必須堅持努力會有大成就。

戀愛運

（天蠍座•紫殺）的人，是愛恨分明，佔有慾強的人，不喜歡被人管，對人外冷內熱。你會找身材嬌小、胸脯大的女性，或是性格懦弱的好好先生做配偶。不希望他爬到你的頭頂上。你熱情不多，常為獨行俠的人。希望家人自動自發。你重視性欲。

金錢運

（天蠍座•紫殺）的人，財運不錯，雖坐在爆發格『武貪格』上，需有火運才會爆發得大。在牛年、羊年有爆發運，逢火而發。你們愛買房地產，稍能積蓄錢財，會養家人，生活平順。

事業運

（天蠍座・紫殺）的人，會做雜亂或粗重的工作。你們愛高職稱。例如組長、工廠或工地主任、廠長之類，很難做個螺絲釘。你們也不適合做文職，有人做鋼琴老師，或裁縫老師，會賺錢少。適合做武職（軍警職）、或開設工廠、做房地產經紀、保險經紀等職，會有很大的發展。火年會發大財主富。

健康運

（天蠍座・紫殺）的人，身體強壯。但要小心膀胱、尿道、淋巴系統、以及生殖系統的毛病。或乳癌、下腹部疼痛的問題。多穿紅色或土色的衣物會順利及少病。

磁場相合的星座與命格

（巨蟹座・天府）♥♥♥♥♥

（雙魚座・武貪）♥♥♥♥

（摩羯座・天相）♥♥♥♥

（處女座・廉破）♥♥♥♥

不想與其溝通的星座與命格

（天秤座・武殺）

（天秤座・武殺）的人性格吊兒郎噹，賺錢不積極，常會相互起磨擦。（天蠍座・紫殺）的人跟他們說不通，彼此看不慣。

天蠍座＋紫破命格的人

命運特質

（天蠍座・紫破）的人，是出生在霜降經立冬到小雪間節氣的時節。初冬寒氣盛。紫微五行屬土，冬土氣弱。破軍屬水，冬水嚴寒冷酷，算旺。此命格的人，極為善變，破耗特多，但復建的力量較弱。你會有神秘感，冷靜沉著、報負心強。這是缺火的關係。

（天蠍座・紫破）的人，有深謀遠慮，佔有慾強，愛恨分明，因為缺乏熱情，對人會不耐煩。但破耗的事多。人生起落多，心情常易低落。也會與人不合有是非，對周遭環境挑剔不滿意。對事情常採用破壞和創新的方式處理。若命格中有文昌或文曲同宮或相照的人，會是較窮的人，一生難有發展，靠人生活。此命格的人少有貴格，若有折射的貴格也行，可做軍警業或政治人物，能有爭鬥的心，會有大發展。

戀愛運

（天蠍座・紫破）的人，婚姻運及戀愛運都極差。易不婚或是多次婚姻、及露水鴛鴦。你們很重外貌，但理想過高，如意的對象難求。戀愛不算順利，火年時會順利。

金錢運

（天蠍座・紫破）的人，火年財運稍佳。平常破耗多，不擅理財，但愛投資，你雖深謀遠慮，但花錢比賺錢多。你們少有偏財運。賺的是勞力錢。存錢能力差，必須別人幫忙記帳存錢，天生愛享受，容易買一大堆無用之物，不知節制。生活豈福多，不算平順。

事業運

（天蠍座・紫破）的人，適合做軍警職較好，在政治圈或軍警業能升到高職位。你們愛創業，但經常失敗。你適合做開創新局、擴展業務，或修理、再造的工作，你也適合爭鬥性強的工作。但還是做薪水族或公務員較好。如在造船廠、煉鋼廠工作。你易做沒有職稱，或職稱低的工作。你不適合做生意或投資，要小心血本無歸。命格中會有文昌、文曲，容易一生窮。

健康運

（天蠍座・紫破）的人，身體健康，但要小心糖尿病、脾臟、胃病、耳朵，泌尿系統或淋巴系統的毛病。

磁場相合的星座與命格

（巨蟹座・天相）♥♥♥♥♥

（雙魚座・同梁）♥♥♥♥

（摩羯座・武殺）♥♥♥♥

（處女座・廉貪）♥♥♥♥

不想與其溝通的星座與命格

（雙魚座・機陰）的人

（雙魚座・機陰）的人很情緒化，有公主病或王子病。（天蠍座・紫破）的人常嘲笑他，會對其人嗤之以鼻。

天蠍座＋天機命格的人

命運特質

（天蠍座・天機）的人，是出生在霜降經立冬到小雪間節氣的時節。初冬寒氣盛。天機五行屬木，冬木盤屈在地。此命格的人，雖聰明、智商高，人緣不佳，你會精明算計，具有敏銳的觀察力，恐怖的第六感能力。會有精力和膽識強，佔有慾也強。如果命格中有火多則運氣好，愛學習。

（天蠍座・天機）的人，性格較冷善變，是薪水族的人。在家多與兄弟姐妹不合，有是非口舌，在外也易有品行不佳的朋友。命格中有貴格的人，能有高學歷與大好成就。你們不適合做生意，會虧本。若命格中火多有爆發運的人，能有大財富。

戀愛運

（天蠍座・天機）的人，必須配偶較為陰柔寬容。對象要寬容的原諒你才行。你會佔有慾強，會晚婚，戀愛運與婚姻運較遲。你們常用爭執和無理取鬧，來試驗對象。配偶要能忍受得住你們才行。否則還是會離婚。

金錢運

（天蠍座・天機）的人，財運普通。常足智多謀，一輩子只有父母會對你好、資助你。你們常聰明過頭，常想花錢的花招，卻賺錢不多。理想過高，眼高手低。父母會留財產給你們用。

事業運

（天蠍座・天機）的人，是理想過高，雖有獨到見解，但不被接受的人。你生平無大志，只做上班族過生活。你們從不想辛苦賺錢。你們適合做公務員，縣市或里幹事、或戶政事務所、財稅機關工作。你們仍會規矩的奉公守法的工作保住飯碗。

健康運

（天蠍座・天機）的人，身體健康，但要小心有手足傷，和頭臉有破相。更要小心肝、腎、肺部及大腸、脾胃、淋巴系統的毛病。也要小心性無能。

磁場相合的星座與命格

（巨蟹座・同梁）♥♥♥♥♥
（雙魚座・太陽）♥♥♥♥
（摩羯座・太陰）♥♥♥♥
（處女座・巨門）♥♥♥♥

不想與其溝通的星座與命格

（牡羊座・祿存）

（牡羊座・祿存）的人有守財奴脾氣，討厭愛花錢的人。（天蠍座・天機）的人不喜歡被嫌棄，彼此看不慣。

天蠍座＋機陰命格的人

命運特質

（天蠍座•天機、太陰）的人，是出生在霜降經立冬到小雪間節氣的時節。初冬寒氣盛。天機五行屬木，冬木盤屈在地，極弱。太陰屬水，冬水嚴寒冷酷。故此命格的人，很神祕聰明、人生變化大。個性強烈衝動、敏感力強。

（天蠍座•機陰）的人，內在智謀多，性格和思緒變化快。凡事善變，性格冷靜。驛馬強，容易搬家和調職，一生容易高低起伏，不寧靜。本命是上班族格局。要小心車禍受傷的問題。命格中有貴格的人，可有高學歷，不怕艱難，能名揚四海。你們一生運氣起起落落，火年運氣會變好。

戀愛運

（天蠍座•機陰）的人，外冷內熱，很需要愛情。婚姻運及戀愛運不錯。戀愛對象是較陽剛開朗的人。你們是陰陽相合。你天生是戀愛高手，可跟情人或配偶一同享受戀愛樂趣。

金錢運

（天蠍座•機陰）的人，是薪水族。要領薪水過日子。你們的父母較有錢，但父母高高在上，你不敢跟他們開口要錢，只慢慢等遺產再拿。不可做生意，會收入不穩定或失敗。你們在火土年時運氣較好，會較富裕。

事業運

（天蠍座・機陰）的人，有貴人運，有熟人或長輩介紹工作，蔭庇很強。升職或升官有貴人運照顧很容易，工作運氣好。但想要成大事，做大人物或大企業家，要看本身的努力與有無貴格，或有無爆發格？通常你們計劃多、須有人扶持。再加上你們愛做較艱難的工作，雖精力和膽識強，但成就較慢。

健康運

（天蠍座・機陰）的人，健康大致都好，但要小心手足之傷，車禍，肝腎、大腸癌、脾胃、淋巴腺體等的問題，以及性生活方面的問題。

磁場相合的星座與命格

（巨蟹座・太陽）♥♥♥♥♥
（雙魚座・同梁）♥♥♥♥
（摩羯座・天機）♥♥♥♥
（處女座・巨門）♥♥♥♥

不想與其溝通的星座與命格

（雙魚座・太陰）

（雙魚座・太陰）的人是感性、性急又黏搭搭的人，（天蠍座・機陰）的人愛恨分明，彼此看不慣。

天蠍座＋機梁命格的人

命運特質

（天蠍座・天機、天梁）的人，是出生在霜降經立冬到小雪間節氣的時節。初冬寒氣盛。天機五行屬木，冬木盤屈在地。天梁屬土，冬土寒凍。此命格的人，有小聰明、有貴格的人少。蔭庇及復建能力也弱。你們個性外冷內熱，性格善變，有時強烈衝動。

（天蠍座・機梁）的人，仍需有火來相助才行。貴人運較弱，會利用小聰明惹是非。你們觀察力敏銳，還有厲害的第六感，會為人當軍師，但不負擔後果。喜歡口才好之人。你們在牛、羊年有爆發運，能得大財富。命格中有貴格的人，會有高學歷和大成就。

戀愛運

（天蠍座・機梁）的人，愛恨分明，佔有慾強。高興時很愛聊天，愛開玩笑。你會把常跟你說玩笑話、聊天的對象來作配偶人選。結婚後夫妻倆會為錢財問題而吵離婚。你計謀強，吵架會贏。

金錢運

（天蠍座・機梁）的人，是薪水族的格局。蔭庇不強，父母、長輩未必會給錢。但自己還有『武貪格』爆發運，

紫微＋水象星座
算命更準！

在牛年、羊年會有意外財富。

事業運

（天蠍座・機梁）的人，是薪水族格局。你足智多謀，事業發展大。有貴格的人，學歷好，能教書、做文教事業。若在一般企業上班。你適合做收拾殘局或整理類型的工作。例如會計、記帳員、保險員等。你也適合照顧老人或幼童，做慈善事業等。還有做餐飲業的。

健康運

（天蠍座・機梁）的人，身體健康。但要小心肺部、氣管、脾胃、肝腎、大腸等消化系統的問題。手足傷、臉面有破相、車禍等問題。也要小心糖尿病、免疫系統的問題。

磁場相合的星座與命格

（巨蟹座・同陰）❤❤❤❤❤
（雙魚座・陽巨）❤❤❤❤
（摩羯座・天同）❤❤❤❤
（處女座・祿存）❤❤❤❤

不想與其溝通的星座與命格

（天秤座・陽巨）

（天秤座・陽巨）的人性格隨便、聒噪的人。（天蠍座・機梁）的人有心機，不想與他推心置腹，彼此磁場不合，彼此看不慣。

天蠍座＋機巨命格的人

命運特質

（天蠍座・天機、巨門）的人，是出生在霜降經立冬到小雪間節氣的時節。初冬寒氣盛。天機五行屬木，冬木盤屈在地。巨門屬水，冬水嚴寒冷酷，不強。此命格的人，性格冷酷、聰明、智商高。口才犀利。你們很神祕，愛恨分明，佔有慾強。對人缺乏熱情，易對人報復反擊，觀察力強，精力和膽識都強。命格中有貴格的人，人生成就會大。有的在學術機構發展。有的可做軍警武職，能任高官。無貴格的人會一事無成。

（天蠍座・機巨）的人，理財能力平平。生活中多是非，你們為人清高，缺乏世故。但會努力向上。

戀愛運

（天蠍座・機巨）的人，愛情運不順，會起起伏伏，多變化。你們愛恨分明，佔有慾強，情緒多變。和情人相處不久。情人會受不了你們的挑剔。你們很須要愛情，新戀情會很快到來，快樂和憂鬱也重複到來。有些人較愛情專一。

金錢運

（天蠍座・機巨）的人，是薪水族的格局，很穩定，積蓄也普通。你們會用量入為出在生活。即使薪資多，也會節儉過日子，生活適意。你們會在夏天及火土年財運較好。在金水年或冬天財運差。你們要增強理財能力。

事業運

（天蠍座・機巨）的人，是理想高的上班族。命格中有貴格的人，你們有高知識水準，會在高技術產業工作，薪水多。地位也會高，你們會勇往直前，不會瞻錢顧後。若知識水準低的人，只會打零工，或做職位不高的工作。若虎年或猴年有爆發運，能得大財富。

健康運

（天蠍座・機巨）的人，身體健康。但要小心脾胃、地中海型貧血、淋巴系統、血液系統或泌尿系統，如膀胱、尿道、腎臟、消化系統等的問題。

磁場相合的星座與命格

（巨蟹座・天同）♥♥♥♥♥
（雙魚座・太陽）♥♥♥♥
（摩羯座・天相）♥♥♥♥
（處女座・日月）♥♥♥♥

不想與其溝通的星座與命格

（天秤座・七殺）

（天秤座・七殺）的人很散漫，並不愛勞碌工作。（天蠍座・機巨）的人對他們彼此看不慣。

天蠍座＋太陽命格的人

命運特質

（天蠍座•太陽）的人，是出生在霜降經立冬到小雪間節氣的時節。初冬寒氣盛。太陽五行屬火，冬火衰弱。此命格的人，個性沉著，觀察力敏銳，愛思考，精力和膽識強。愛恨分明，個性強烈衝動。你們嗓門大，外冷內熱。深謀遠慮，足智多謀。感情細膩，記性好。

（天蠍座•太陽）的人，佔有慾強，無害人之心、寬大、但受委屈會報復。理財能力不好，工作上不怕艱難，也能吃苦耐勞。有貴格的人能名揚四海。做教師、高等公務員，政府官吏，能有成就。命格中有『武貪格』爆發運的人，在辰、戌年能得大財富。

戀愛運

（天蠍座•太陽）的人，你們需要愛情，性格陽剛，佔有慾強，也重性慾。特別喜歡別人愛上你們，自已沒有戀愛招術。戀愛過程乏味。婚後的生活更是乏味，有時會有外遇，可是最後又回家了。發現只有配偶最了解你、配合你。

金錢運

（天蠍座•太陽）的人，是薪水族。你們不會做生意。理財算帳能力差。花錢會大手大腳。很多人有家產生活

（父母或祖先留的財產），自己也會買房地產、及擄有銀行存款，生活愜意。

事業運

（天蠍座・太陽）的人，有深謀遠慮，喜做公務員。有貴格的人，會學歷高，地位高。靠口才或糾紛有關公作。例如做公務員、教師、律師、保險業、廣播員、宣傳員、或政府官員等。命格居陷又有爆發運的人，會做簽賭有關的行業。命格有化權的人。事業會成功及有名聲。木火年你會大發。

健康運

（天蠍座・太陽）的人，身體健康，但要小心高血壓、心臟病，肺癌、以及腦中風等的疾病。有些人要小心糖尿病和高血脂、及膽固醇過高的毛病。

磁場相合的星座與命格

（巨蟹座・太陰） ♥♥♥♥♥
（雙魚座・巨門） ♥♥♥♥
（摩羯座・天同） ♥♥♥♥
（處女座・天梁） ♥♥♥♥

不想與其溝通的星座與命格

（天秤座・機陰）

（天秤座・機陰）的人散漫愛玩，不知天高地厚，（天蠍座・太陽）的人特愛工作，自我期許高。

天蠍座＋陽梁命格的人

命運特質

（天蠍座•太陽、天梁）的人，是出生在霜降經立冬到小雪間節氣的時節。初冬寒氣盛。太陽五行屬火，冬火衰弱。天梁屬土，冬土寒凍洩弱。此命格的人，個性沉著，有時強烈衝動。天梁蔭庇稍弱。命宮在卯宮的人，命運稍好。命宮在酉宮的人，會飄蓬及懶散，易無成就。生於天蠍座命格太涼，有火來暖命，財富才會增多變好。

（天蠍座•陽梁）的人，長輩運及桃花運都不強，你們也愛恨分明。佔有慾和懷疑心都強、也會有防範心。命格中有貴格的人，會有高學歷與大成就。沒有貴格的人，只能做一般薪水族。父母會留家產給你們，能生活。此命格的人，大多事業運不佳。

戀愛運

（天蠍座•陽梁）的人，表面沉著，但礙恨分明，佔有慾強。常計較小細節。你找到的配偶也是一生對你糾纏不完的人。並且也未必是你所愛的人。你會不斷追求新戀情，到處搞小曖昧。但無法得到真心喜歡的人。

金錢運

（天蠍座•陽梁）的人，財運是薪水族的模式。有父母照顧，有家產給你，生活平順。命宮在酉宮的人，人生易飄零艱難。有貴格的人，薪資很高，生活富裕。子時、午時生人其財帛宮或福德宮有天空、地劫一起，易早夭。會無財也無福。火土年對你有利。

事業運

（天蠍座・陽梁）的人，其工作普通，你們有深謀遠慮，很想做大事。不想靠人介紹工作，但不在乎金錢、地位，丙年生人，又有火和貴格『陽梁昌祿格』的人才會有大成就。沒有貴格的人，只是一般的薪水族討生活。

健康運

（天蠍座・陽梁）的人，身體健康，但要小心高血壓、腦中風、脾胃的問題，或糖尿病、皮膚病、及甲狀腺的問題。

磁場相合的星座與命格

（巨蟹座・同巨）❤❤❤❤❤

（雙魚座・機梁）❤❤❤❤

（摩羯座・天同）❤❤❤❤

（處女座・太陰）❤❤❤❤

不想與其溝通的星座與命格

（天秤座・七殺）

（天秤座・七殺）的人性格散漫、又好強。（天蠍座・陽梁）的人與其磁場不同，價值觀也不同。

天蠍座＋日月命格的人

命運特質

（天蠍座・太陽、太陰）的人，是出生在霜降經立冬到小雪間節氣的時節。初冬寒氣盛。太陽五行屬火，生在天蠍座是冬火，氣弱。太陰屬水，冬水嚴寒。日月本身也火水相剋。因此此命格的人，會日月皆弱，性格神秘，強烈衝動，對人有懷疑心。有時也會憂鬱、懶散。

（天蠍座・日月）的人，異性緣不錯。你們雖很喜歡談戀愛，愛恨分明，但運氣起起伏伏。工作狀況不好，經常在找尋戀愛機會所帶來的物質享受。你們的財、官二位都弱，火年對你們有利，會大進財利。

戀愛運

（天蠍座・日月）的人，情緒善變、個性強烈衝動，愛恨分明，佔有慾強。常以戀愛為職志。你們多半有王子病或公主病，需要戀人侍候你們，戀愛過程不順利。你們希望與戀人或配偶永遠過二人世界談戀愛。火年戀愛順遂。

金錢運

（天蠍座・日月）的人，是薪水族。若父母給的家產多，你能生活過得好。若要靠自己賺，容易過苦日子。大運及流年好壞也會影響財運，大運好時，十年的富足生活不成問題。走火運衣食富足。

事業運

（天蠍座・日月）的人，工作運很差，雖有企圖心，但沒有貴人。你們不喜競爭，無上進心。愛尋找戀人。做一般的薪水族、教書及秘書、會計、助理等沒有職稱的職務，生活平順就好。

健康運

（天蠍座・日月）的人，身體尚可，但要小心有傷災、車禍。還要小心血液含雜質、貧血或長癩瘡的問題。要小心一切與手足神經有關的問題。

磁場相合的星座與命格

（巨蟹座・天同）❤❤❤❤❤
（雙魚座・同梁）❤❤❤❤
（摩羯座・機巨）❤❤❤❤
（處女座・破軍）❤❤❤❤

不想與其溝通的星座與命格

（金牛座・廉破）⛄

（金牛座・廉破）的人小氣吝嗇、又不重視法度跟人權，（天蠍座・日月）受不了他，彼此看不慣。

天蠍座＋陽巨命格的人

命運特質

（天蠍座・太陽、巨門）的人，是出生在霜降經立冬到小雪間節氣的時節。初冬寒氣盛。太陽五行屬火，冬火衰弱。巨門屬水，冬水雖旺卻嚴寒。此命格的人，個性沉著，有時會強烈衝動，高興時話超多，很聒噪，憂鬱時很靜，智謀多。

（天蠍座・陽巨）的人，你們易帶有是非，性格善變。運氣起伏上下，命格中有火時，你們是愛工作的。命格中缺火時，就欲振乏力。火年時才運氣好。你們的人生中充滿競爭和坎坷。戀愛和工作都要競爭，你是愛恨分明的人。命格中有貴格的人，也能有成就，可做民意代表。有『天刑』的人可做執法人員。（天蠍座・陽巨）的人，你們的財、官都是空宮，辛年生的人，易有出頭天。

戀愛運

（天蠍座・陽巨）的人，個性沉著，愛恨分明，佔有慾強。戀愛必然與人競爭，且未必能如願。你們精力和膽識強，還死心眼，對自己喜歡的對象會死纏爛打，很堅持。你不會與人共享情人。

金錢運

（天蠍座・陽巨）的人，是薪水族格局。父母較窮，也沒有家產，你足智多謀，錢要靠自已賺。丑年、未年你們能有爆發運，火年爆發更大。逆行大運的人，年輕就能發。能多得財富。順行大運的人，要55歲才能爆發，人生起伏大，多辛苦，但你能吃苦耐勞。

事業運

（天蠍座・陽巨）的人，工作運與財運都不強。但你有智謀，會深謀遠慮。火運年愛工作，平常會做不久。命、財、官、遷四宮若會形成貴格的人，事業能成功。本命帶有『天刑』的人會做獄卒、律師，或法院工作。命中有驛馬帶財的人會做四處奔波的生意人。你們多半會做與口舌相關的工作，保險經紀、老師、解說員、醫護工、接線生、司法人員、醫護員都很適合。

健康運

（天蠍座・陽巨）的人，年輕時身體健康，有些是表面還健康。但中年小心病痛。膿血之症、淋巴系統的毛病、或大腸癌、肺部、消化系統潰爛、高血壓、心臟病等。

磁場相合的星座與命格

（巨蟹座・機梁） ♥♥♥♥♥

（雙魚座・同陰） ♥♥♥♥

（摩羯座・太陰） ♥♥♥♥

（處女座・天機） ♥♥♥

不想與其溝通的星座與命格

（天秤座・同梁）

（天秤座・同梁）的人散漫沒腦子，愛玩又不負責任，（天蠍座・陽巨）的人用謀略說廢話，難合拍。

天蠍座＋武曲命格的人

命運特質

（天蠍座・武曲）的人，是出生在霜降經立冬到小雪間節氣的時節。初冬寒氣盛。武曲屬金，冬金為過氣洩弱之金。此命格的人會深謀遠慮，愛思考，享得多、脾氣硬，觀察別人很敏銳，很會推理。你們未必經常勤奮，但重承諾，此星座的武曲坐命者，易做軍警業，較剛，命格缺火。命格中有火的人會注重工作賺大錢，不愛做小生意人。你們也會做科技業跟金屬有關的工業。你們個性沉著，有時會強烈衝動、有很強的精力噢膽識。

（天蠍座・武曲）的人，命、遷二宮就有『武貪格』爆發運格，在環境中就有爆發機會，須有木火年才會暴發的大，財運旺。

戀愛運

（天蠍座・武曲）的人，你們喜愛有能力的人。感覺對了，就會強力追求，成為夫婦。若感覺不佳，會馬上分手，很乾脆。你和配偶都會很忙碌，會各自擁有自己的工作和事業。婚後會積極照顧家庭、子女。你們常晚婚。

金錢運

（天蠍座・武曲）的人，雖愛賺錢，財運普通。命格中木火多的人財運好。本性小氣吝嗇，愛存現金在銀行裡，因為財庫不穩存不住。買房地產也少。你們對家人很捨得，但自身節儉。辰年、戊年有爆發運，有大錢進財。做軍警業會有大富貴，或發戰爭財。一般人能做小生意人，生活無憂。

事業運

（天蠍座・武曲）的人，其工作運普通，若從軍警職也能升高官。並可管理財務。你們性格冷靜、清晰。理財能力雖不強，卻愛工作，有理想。也能幫機構企劃賺錢。從商努力可做大企業、大老闆。此命格的人適合做金融業、金屬類產品的生意、或帶火的產業、開餐廳、加油站、刀劍、金飾品、鐵鍋、鐵桶、金屬材料、醫療用品等。

健康運

（天蠍座・武曲）的人，健康不錯，但要小心大腸癌和肺癌、消化系統的問題，以及肝腎、脾胃、胰臟癌、糖尿病及泌尿系統、膀胱等問題。

磁場相合的星座與命格

（巨蟹座・武貪） ♥♥♥♥♥

（雙魚座・紫府） ♥♥♥♥

（摩羯座・廉相） ♥♥♥♥

（處女座・武相） ♥♥♥♥

不想與其溝通的星座與命格

（天秤座・武破）

（天秤座・武破）的人性格散漫，工作不努力，（天蠍座・武曲）的人注重原則，節儉，金錢價值觀不同，彼此看不慣。

天蠍座＋武府命格的人

命運特質

（天蠍座•武曲、天府）的人，是出生在霜降經立冬到小雪間節氣的時節。初冬寒氣盛。武曲屬金，冬金為過氣洩弱之金。天府屬土，冬土寒凍無用。故此命格的人，須要有火，會精神振奮。所以夏天時你會心情好、愛打拼，能存錢。冬天會特別懶散，提不起勁。

（天蠍座•武府）的人，個性沉著，愛恨分明，佔有慾強。會做公務員，或軍警、教職。也會做仲介、推銷的工作。或是便利商店的總管企劃之類的工作。你們很節儉、吝嗇，對家人父母兄弟好。與配偶爭執多。此命格的人較少有貴格，努力打拼，孜孜努力也能一生平順。在寅、申二宮能形成暴發格的人會有大財富。火年得大。

戀愛運

（天蠍座•武府）的人，配偶會與你在思想及價值觀上有極大差異。婚姻不睦。你們對配偶也小氣，因此感情更不佳。因為先前你們的父母就是感情不佳，你自小在吵鬧中生活。並且你內心情感與想法異於常人。同居不婚可能較好，戀愛較能維持久一點。

金錢運

（天蠍座•武府）的人，財運普通，你們賺錢須要籌謀計劃，但有時不積極。你們常吝嗇摳門，會照顧自己的原生家庭，對外人在錢財上吝嗇。你們是夏天大方，冬天小氣的守財奴。有爆發運的人才有大財富。雖然你們喜深謀遠慮，但計劃多，執行少，故難富。

事業運

（天蠍座・武府）的人，工作運還不錯，你們算是能幹的人，能做管理人材，也能做老闆。你們佔有慾強，又喜掌權。能幫忙企業，業績和收入金額能蒸蒸日上，常創下新高。工作方面如軍警業、營業機構、超商、或書店、小賣店。你們做老闆也是別人投資的。會按部就班的依工作績效分獎金，慢慢也可做到董事長之位置。

健康運

（天蠍座・武府）的人，身體健康，要小心心肺功能、感冒、肺炎、和膀胱、生殖系統的毛病，也怕乳癌、大腸癌、下半身寒涼、高血壓、腹痛等毛病。

磁場相合的星座與命格

（巨蟹座・廉貞）♥♥♥♥♥

（雙魚座・七殺）♥♥♥♥

（摩羯座・紫相）♥♥♥♥

（處女座・天府）♥♥♥♥

不想與其溝通的星座與命格

（天秤座・陽巨）

（天秤座・陽巨）的人性格散漫，溷仙，有專門的享福技術，（天蠍座・武府）的人跟他，彼此看不慣。

天蠍座＋武相命格的人

命運特質

（天蠍座•武相）的人，是出生在霜降經立冬到小雪間節氣的時節。初冬寒氣盛。武曲屬金，冬金為過氣洩弱之金。天相屬水，冬水雖旺但寒凍。此命格的人，性格沉著，有些神秘。愛恨分明、有時性格強烈衝動，精力和膽識強。你會愛享福，但享福不多，會勞累辛苦。火年能得的財富較多。

（天蠍座•武相）的人，此星座的人會蔭庇不強。父母及長輩也不富，無法周全的照顧你。如果命格中有火、有貴格的人，學歷和經歷都會高人一等，能做政府官員。成就較好。你們夏天會運氣好、精神好，進財多。冬天較窮。

戀愛運

（天蠍座•武相）的人，雖深謀遠慮，佔有慾強，重視性愛。但會晚婚。戀愛運較遲，你們較缺乏戀愛術。男性還易被女性追走。女性會難遇有緣人。要小心會找到糾紛多的家族及較窮的配偶，生活辛苦。

金錢運

（天蠍座•武相）的人，財運普通，但愛享受、無節制、不會理財，父母給的家業又少，你的享受也少。適合到外地工作，會財運大開。靠近赤道的國家對你有利。

事業運

（天蠍座・武相）的人，事業運極佳，你們愛享福，打拼時間不長。喜歡做上班族或公務員、或做賣衣食的商人，此命格的人，享不到父母太多的福，你們過於理想、打拼會不長久。做文教業或和衣、食相關的行業生意較佳。有貴格的人，可做政府官員。但要小心理財、算帳的問題。你們具有爆發運的機會少，持續性的積極努力能成功。

健康運

（天蠍座・武相）的人，身體健康，但要小心高血壓、心臟病、脾胃的毛病，糖尿病、火氣重、常感冒、肺部、支氣管炎、大腸疾病、便秘等。

磁場相合的星座與命格

（巨蟹座・紫微）♥♥♥♥♥
（雙魚座・貪狼）♥♥♥♥
（摩羯座・太陰）♥♥♥♥
（處女座・太陽）♥♥♥♥

不想與其溝通的星座與命格

（金牛座・同梁）

（金牛座・同梁）的人眼高手低不會賺錢，（天蠍座・武相）的人討厭被比較，人生觀不同，彼此看不慣。

天蠍座＋武貪命格的人

命運特質

（天蠍座•武貪）的人，是出生在霜降經立冬到小雪間節氣的時節。初冬寒氣盛。武曲屬金，冬金為過氣洩弱之金。貪狼屬木，冬木盤屈在地。但會有一點金木相剋。此命格的人，雖然有深謀遠慮但賺錢力道稍弱，運氣及機會也普通。命格中要有火才有機會。

（天蠍座•武貪）的人，一生會起起伏伏。在牛、羊年能爆發。天蠍座的人，會八字中太寒，須要有火就能爆發很大。屬火的流年，爆發驚人。

（天蠍座•武貪）的人，能有好配偶幫忙理財，家庭能和樂。但命格中有貴格的人少，做軍警業、從商，人生也能成就很大。

戀愛運

（天蠍座•武貪）的人，愛恨分明佔有慾強。你們會晚婚，能找到會理財、家境好的配偶。你們脾氣古怪，觀察力敏銳，能判定對象對自己合不合用，你們更會找能力好，能補足自己性格缺點的人做配偶。如果配偶不合格便很快換掉了。

金錢運

（天蠍座•武貪）的人，是對錢財有敏感的人，機會運氣還可，超吝嗇，錢都只花在自己身上。你們理財能力差，以配偶幫忙存錢。在牛、羊年都有爆發運，會發富及有成就。兔、雞年會破敗。暴起暴落。倘若大運連續好三個大運，可成為名揚四海的人。天蠍座武貪的人財運並不特強，因為缺火。但成功及成名者可多一些。

事業運

（天蠍座・武貪）的人，工作運超好，也愛做事業。在牛、羊年的爆發運，能促進事業上的成功。你們有謀略、愛投資，能抓住機會。此命格的人做軍警業，會立戰功爆發而得大富貴。有些人也會做企業爆發而事業大好。你們會擁有特殊的觀察力，精力和膽識都強，能預知爆發運的時間與項目。

健康運

（天蠍座・武貪）的人，身體健康。但初秋、金水進之時，要小心肺部、支氣管炎、大腸、消化系統的問題，以及心臟病、高血壓，頭痛症。還有四肢酸痛的問題。

磁場相合的星座與命格

（巨蟹座・紫殺）♥♥♥♥♥

（雙魚座・紫府）♥♥♥♥

（摩羯座・武曲）♥♥♥♥

（處女座・廉貞）♥♥♥

不想與其溝通的星座與命格

（天秤座・廉府）

（天秤座・廉府）的人散漫、少根筋，會追問爆發財運的程序。（天蠍座・武貪）的人不想被問，懶得理他，彼此看不慣。

天蠍座＋武殺命格的人

命運特質

（天蠍座•武殺）的人，是出生在霜降經立冬到小雪間節氣的時節。初冬寒氣盛。武曲和七殺都屬金，冬金為過氣洩弱之金。此命格的人，特別固執，愛思考，有計謀，有時憂鬱及懶散。你們會觀察力敏銳，有獨到見解，不太相信別人，對周遭有懷疑態度。

（天蠍座•武殺）的人，做武職（軍警業）較佳，精力和膽識很強，會有成就。做決斷性、科技類的工作也不錯。做文職，會窮。你對人有報復心，會返擊。你的人生中多起伏，火年會運氣好。須要吃苦耐勞，才會有成就。命格中有貴格的人，會有高學歷、高職位與大成就。你們爆發運少。

戀愛運

（天蠍座•武殺）的人，婚姻運特佳。雖然你們性格陰沉善變，情緒不佳，愛恨十分強烈。但能找到知心伴侶。你的配偶也兼助理及幫手，會照顧你的生活，幫你打理瑣碎的小事，幫你解除內心煩惱與寂寞。是你終身的貴人及伴侶。你也會愛情專一，生活幸福。

金錢運

（天蠍座•武殺）的人，財運不佳，亦不會理財，手上經常沒現金。武曲財星逢殺星為刑剋，因財被劫。故不富。你們是薪水族。平常節儉吝嗇，但有理由的花錢，你們會很捨得。你們的命好，命運中會有理財高手、幫忙生財的配偶來相助，所以生活還是不錯的。但先要有婚姻，找到好配偶才行。若找錯人則一生窮困。

事業運

（天蠍座‧武殺）的人，工作運很好。會打拼努力，職位可升高、亦會下降。高的可做到高級主管的職務。低的小職員而已。做軍警武職最佳，可升高官。文職較窮。你們超愛名聲和愛搶功勞，命格中有貴格的人，會有大成就。文職的人會追求理想目標。

健康運

（天蠍座‧武殺）的人，身體健康。但要小心肺部、氣管炎、大腸、膀胱、生殖系統、及下腹部寒涼的問題。女性也要小心乳癌、卵巢、子宮等問題。男性要小心輸精管、尿道、攝護腺等問題。

磁場相合的星座與命格

（巨蟹座‧紫府）♥♥♥♥♥
（雙魚座‧天府）♥♥♥♥
（摩羯座‧紫破）♥♥♥♥
（處女座‧廉貪）♥♥♥♥

不想與其溝通的星座與命格

（雙子座‧機梁）

（雙子座‧機梁）的人聰明，是非多，（天蠍座‧武殺）的人，深謀遠慮，不想招惹，相互彼此看不慣。

天蠍座＋武破命格的人

命運特質

（天蠍座•武曲、破軍）坐命的人，是出生在霜降經立冬到小雪間節氣的時節。初冬寒氣盛。武曲屬金，冬金為過氣洩弱之金。破軍屬水，冬水雖旺但寒凍。此命格的人，個性陰沉沉著，深謀遠慮。愛懷疑人，很難與人推心置腹。也會對人冷淡。

（天蠍座•武破）的人，愛恨強烈。因為不會理財，賺錢不多。花錢較兇，守不住財。你們價值觀和別人不同，人生目標也和他人不同。做軍警寂情報等武職佳，能籌劃及冒險犯難，升高官。文職不吉，無發展，易窮。此命格的人幼年窮苦，中年以後運氣較佳。一生也多坎坷，不平靜。你們須有宗教信仰，容易幫助你度過困難。命格中有貴格的人，也會有貴人相助及較大富貴。

戀愛運

（天蠍座•武破）的人，雖愛恨分明，但你們對愛情茫然，難以決定自己要什麼樣的配偶較好。你們容易被環境變化所左右，你們本身心性不定，容易有露水姻緣。或有外遇問題製造破碎家庭。如果愛情專一，則有幸福生活。

金錢運

（天蠍座•武破）的人，財運不佳。做薪水族、軍警業會較適合。你愛享受，常會寅吃卯糧。努力工作能保障生活用度。若有偏財運的人，免年或雞年也會發富，但易爆起爆落。做文職薪水少。火年會財運好。

事業運

（天蠍座・武破）的人，在工作運特佳。適合做軍警業，能有高階地位。有貴格的人，地位高。若做向外拓展業務人員、或情報蒐集人員、或是特別辛苦危險的工作，向外衝鋒陷陣，或在戰場上廝殺，或做救難遇血光之事，做辛苦、付出勞力多，或特別危險的工作會賺得多。文職較窮。火年事業運大發。

健康運

（天蠍座・武破）的人，身體還算健康，但要小心高血壓，頭痛、中風、心臟病、糖尿病、脾胃方面的毛病、內分泌及淋巴系統的病症。傷災及車禍等。還有四肢酸痛、性病等毛病。

磁場相合的星座與命格

（巨蟹座・紫相）♥♥♥♥♥

（雙魚座・天相）♥♥♥♥

（摩羯座・廉相）♥♥♥♥

（處女座・紫貪）♥♥♥♥

不想與其溝通的星座與命格

（獅子座・武貪）

（獅子座・武貪）的人性格驕傲愛現，嫌貧愛富，更討厭沒文化及沒禮貌的人。（天蠍座・武破）的人本身也很自傲，根本受不了，會跟他衝突吵架，彼此看不慣。

天蠍座＋天同命格的人

命運特質

（天蠍座•天同）的人，是出生在霜降經立冬到小雪間節氣的時節。初冬寒氣盛。天同屬水，冬水雖旺但寒凍。此命格的人，會個性沉著。深謀遠慮。既愛思考，又會愛享福，但未必享得到福。你們命格缺火溫暖，要有火才財福都有。

（天蠍座•天同）的人，本命是福星命格，喜歡享福及玩樂。但天蠍座的人操勞多。用腦過多，工作經營不易，貴人幫忙少，生活會不起勁。仍然是薪水族的格局，做上班族、薪水族很正常。此命格人的父母未必有錢。有時你要自己打拼。命中帶火的人，容易富貴有成。否則只會混一生。

戀愛運

（天蠍座•天同）的人，愛恨分明，佔有慾強，戀愛挑剔。要找氣質好、水準高的人做對象。厭惡粗俗、愚笨的人。但你們經常被騙，你們外表溫和、內在固執，雖觀察敏銳，仍要小心碰到恐怖情人，被傷害性命。

金錢運

（天蠍座•天同）的人，財運不定。因工作易斷斷續續。你們要穩定工作，錢財才能持續。有些人不工作，做肯老族，一生窮困。你們的財運是薪水族格局，財富不多，但會順應環境生活。此星座的人在夏天時會神清氣爽，生財多、享福多。冬天懶散，財運差。

事業運

（天蠍座・天同）的人，必須做薪水族。通常家族普通，可一面工作，一面享福。有化權在命宮時，有人會把老闆的位置白白送給你，讓你不費吹灰之力當上老闆或高級主管。自然是用你當擋箭牌，要過嚴峻的關卡。不過，你是天生的福星，有好運及世故及計謀，對人際關係很熟練，能化解企業機構的災難，業務會上升。此星座的人運氣雖普通。火年會大發。

健康運

（天蠍座・天同）的人，身體健康，但要小心肺部、支氣管炎、大腸癌、免疫能力下降、耳朵、肝腎、腰痠背痛、淋巴系統、泌尿系統，內分泌系統都要小心。

磁場相合的星座與命格

（巨蟹座・太陰）♥♥♥♥♥

（雙魚座・天梁）♥♥♥♥

（摩羯座・機巨）♥♥♥♥

（處女座・日月）♥♥♥♥

不想與其溝通的星座與命格

（天秤座・同巨）

（天秤座・同巨）的人懶散、愛玩、喜找別人的錯處，（天蠍座・天同）的人，常感覺被欺負，不願來往，對他很煩感，不想理他。

天蠍座＋同陰命格的人

命運特質

（天蠍座・天同、太陰）的人，是出生在霜降經立冬到小雪間節氣的時節。初冬寒氣盛。天同與太陰都屬水，冬水雖旺但寒凍。此命格的人，個性沉著陰沉，活潑的時候少，懶散的時候多。你們要到夏天時就會運氣好、亮眼。也會勤奮愛工作，財運也好，享福與戀愛也順利。

（天蠍座・同陰）的人，愛恨分明，愛談戀愛和享福。平常會懶散，第六感很強，有敏銳的觀察力，這可幫助你們戀愛機會增多。你們的父母不見得富裕，家產不多。命格中有貴格的人，能在公務員或大機構步步高升。老闆會照顧你們。你們很有計謀也能成為老闆的家人或配偶。

戀愛運

（天蠍座・同陰）的人，有些陰沉，情緒多變。愛恨分明，喜談戀愛、愛享福。此命格的人，外型俊俏美麗，豐滿。男性會體型好。你們精通戀愛術，也會深謀遠慮，能找到多金對象。能得到很大的財運。艷遇及戀愛對象能照顧你們的生活與財富。

金錢運

（天蠍座・同陰）的人，本身財運是薪水族。上班只是表面工作，你們會用戀愛來生財，更有俊美的外型，通常

紫微＋水象星座
算命更準！

你們會找多金的對象，談戀愛也能得到財富。牛、羊年還有爆發運，衰運時會有貴人幫你們解救窮困。你們能比別人享受較多的物質享受。

事業運

（天蠍座‧同陰）的人，雖精力和膽識強，但無事業。是薪水族。通常窮的時候才工作，做公務員或薪水族的文職工作最佳。談戀愛時就不工作。如果命格中有權、祿、科的人，可找到大企業家做對象，享受層級高。有『馬頭帶箭』格的人，可做法務部長及威震沙場的大將軍。很能鬥爭及掠奪，這是能成功達成使人生爬上最高峰的格局。

健康運

（天蠍座‧同陰）的人，身體都健康。要小心腎臟癌和肺癌的問題、膀胱不好、淋巴系統、泌尿系統、傷風感冒、乳癌、生殖系統的問題。

磁場相合的星座與命格

（巨蟹座‧太陽） ♥♥♥♥♥

（雙魚座‧天梁） ♥♥♥♥

（摩羯座‧機梁） ♥♥♥♥

（處女座‧陽巨） ♥♥♥♥

不想與其溝通的星座與命格

（天秤座‧廉貪）

（天秤座‧廉貪）的人個性散漫，又無聊，（天蠍座‧同陰）的人愛撒嬌，怕被談論，彼此看不慣。

天蠍座＋同梁命格的人

命運特質

（天蠍座‧天同、天梁）的人，是出生在霜降經立冬到小雪間節氣的時節。初冬寒氣盛。天同屬水，冬水雖旺但寒凍。天梁屬土，冬土寒凍。此命格的人，會沉著陰沉，多思考、多計謀，愛享福，未必有福可享。你會佔有慾強，愛恨分明。喜歡動口不動手。

（天蠍座‧同梁）的人，智謀多，精力和膽識強，愛玩樂，喜歡管閒事。喜歡聊天擺龍門陣，聊天都是有目的的。也會反擊，也喜歡報復人，只關心一些對己有利之事。基本是薪水族。有貴格的人可教書、做職員。不工作者會靠人吃飯。

戀愛運

（天蠍座‧同梁）的人，愛聊天搜集情報，會找家庭富裕的對象談戀愛。你們深謀遠慮，會用賺錢手法來勾搭異性。或用些拿手絕活無賴的手段強力追求。婚後和異性仍曖昧不斷。夫妻間爭吵多，會反覆分分合合。

金錢運

（天蠍座‧同梁）的人，是薪水族格局。愛到處搞關係升職，或找會發財的機會，也常不能如願。你也想找有錢的配偶少奮鬥十年。未必如願。

事業運

（天蠍座‧同梁）的人，喜玩樂享福。能深謀遠慮，靠聰明智慧得到工作，也能找到舒服的地方呆著。你並不真用心工作。最適合開民宿，或遊樂園，或賭場。若有發明的能力，會在如食品類、零食業，或玩樂場所工作。夏天及火年你們的工作有發展，能得財。

健康運

（天蠍座‧同梁）的人，身體健康，但要小心脾胃、膀胱的毛病、腎虛、糖尿病、免疫能力失調、大腸、耳朵及肺部、氣管炎、感冒等疾病。

磁場相合的星座與命格

（巨蟹座‧太陰） ❤❤❤❤❤
（雙魚座‧天機） ❤❤❤❤
（摩羯座‧天相） ❤❤❤❤
（處女座‧巨門） ❤❤❤❤

不想與其溝通的星座與命格

（雙子座‧太陰）

（雙子座‧太陰）的人聰明嬌貴，會找人來侍候他，（天蠍座‧同梁）的人懶惰投機，相互惹人討厭。

天蠍座＋同巨命格的人

命運特質

（天蠍座・天同、巨門）的人，是出生在霜降經立冬到小雪間節氣的時節。初冬寒氣盛。天同、巨門都屬水，冬水雖旺但寒凍。此命格的人，又聰明，多計謀，陰沉、懶洋洋。表面裝著不愛玩樂、享福之事，私下仍關心玩樂之事。你天性計謀多，易招惹是非，對人常有懷疑心，一生也是非多。

（天蠍座・同巨）的人，在家中有父母護衛。兄弟姐妹不合。命坐丑宮的人，婚姻運好。你們易靠人生活。有貴格的人，有高學歷，生活無虞。有『明珠出海』格的人，命格也主貴，可讀書考試第一名，亦可被貴冑層級的貴族家庭選為駙馬的人。會有富貴人生。（※『明珠出海』格請參考法雲居士所著《使你升官發財的『陽梁昌祿格』》一書。）

戀愛運

（天蠍座・同巨）的人，愛恨分明，深謀遠慮，會高手級的戀愛。你們會哄人、會攀附顯貴。你的配偶更高與你會逢迎交際，能幫助配偶的前程。你們一體，都愛錢、愛權。相互搭檔。婚姻幸福。

金錢運

（天蠍座•同巨）的人，你們本身財運不佳。主要是靠父母及配偶給錢。老年靠子女。平常打零工。偶而你們也會靠跟朋友交際辦活動來賺外快。命格有火的人財運較佳。

事業運

（天蠍座•同巨）的人，無事業運，會享福、會玩樂辦活動，當作工作。若大運不濟，就窮困過日子，自己也要打工賺錢了。有貴格的人能做公務員。

健康運

（天蠍座•同巨）的人，健康不佳。中年以後要小心耳朵、心臟及內分泌有問題、淋巴系統、消化系統的病症，或膀胱、腎臟、生殖系統的開刀手術。

磁場相合的星座與命格

（巨蟹座•太陰）♥♥♥♥♥

（雙魚座•天機）♥♥♥♥

（摩羯座•太陽）♥♥♥♥

（處女座•太陰）♥♥♥♥

不想與其溝通的星座與命格

（金牛座•武曲）

（金牛座•武曲）的人討厭沒工作能力、沒用的人。（天蠍座•同巨）的人與他談不來，彼此看不慣。

天蠍座＋廉貞命格的人

命運特質

（天蠍座‧廉貞）的人，是出生在霜降經立冬到小雪間節氣的時節。初冬寒氣盛。廉貞屬火，冬火氣勢衰絕。此命格的人，個性沉著陰沉，具有敏銳的觀察力，及第六感能力，富有開拓及冒險精神。與人有衝突時會反擊報復。

（天蠍座‧廉貞）的人，凡事愛營謀，內心有貪念佔有慾強。你們愛計劃，但行動力不強。你們的財運普通，事業運還好，賺錢一般。命格中有貴格的人，能有大成就。你適合做軍警武職或公務員，能做到中等官吏等級。若做生意也賺錢不多。你們醉心政治，喜歡掌權，因此會參加政黨涉足政治。

戀愛運

（天蠍座‧廉貞）的人愛恨分明，佔有慾強，個性冷淡，無情趣。會用計謀追求對象。你們有自已的特殊喜好。你們喜利用風塵場所的人跟政治人物來往，會找政治大咖聯姻做靠山。

金錢運

（天蠍座‧廉貞）的人，財運不錯。很會營謀及塑造政治方面的人際關係，喜歡搞錢，能多增財富。中年大運變差了。財務會吃緊。陰男陽女逆時針行大運的人會老年較富裕。陽男陰女順時針行大運的人會老年辛苦。要及早積蓄才行。必須有火多的命格才主富。

事業運

（天蠍座・廉貞）的人，愛賺錢，喜歡營謀事業。每天耗費心思的為賺錢，但打拼立不強。你們醉心政治，善於營謀爭鬥。大部分人會是小商人命格，或是中階主管的人。命格中有貴格的人，才會有大成就。能富貴都有。

健康運

（天蠍座・廉貞）的人，身體康健，很耐操。但要小心肝腎和消化系統的毛病。要小心糖尿病、胃病、以及血液的問題，常捐血會有利自己健康。

磁場相合的星座與命格

（巨蟹座・紫相） ♥♥♥♥♥

（雙魚座・武府） ♥♥♥♥

（摩羯座・貪狼） ♥♥♥♥

（處女座・擎羊） ♥♥♥♥

不想與其溝通的星座與命格

（牡羊座・武貪）

（牡羊座・武貪）的人會賺錢，暴發運又強。（天蠍座・廉貞）的人比不過、也鬥不過他，彼此看不慣。

天蠍座＋廉府命格的人

命運特質

（天蠍座．廉府）的人，是出生在霜降經立冬到小雪間節氣的時節。初冬寒氣盛。廉貞居平火很弱，天府屬土，冬土寒凍。故此命格的人，陰沉也沉著，時而懶散。對人較冷淡，作事沒恆心。廉府的人本來是喜歡交際應酬的，此時會缺乏熱情，反倒是負面的個性強烈衝動，愛思考，佔有慾強、愛報復人會顯現出來。

（天蠍座．廉府）的人，內心小氣吝嗇，本命財不多。你們會不顧世俗看法去賺錢。但未必存得住錢。你們跟父母、兄弟感情好，卻和配偶、子女的感情差。你們也少有貴格，以賺錢為主。老時也會生活平順。一生易有多次婚姻。

戀愛運

（天蠍座．廉府）的人，思想觀念很前衛。你們特愛錢財，用錢來衡量感情。不相信愛情的價值。你們也會找到價值觀不同的情人或配偶。婚姻運不佳。老年時會孤獨生活。

金錢運

（天蠍座．廉府）的人，財運普通。較自私，只為自己買最高級的物品自用。你們會保持身上有一些流動的現金。實際未必有錢。因為命格火不旺。

事業運

（天蠍座‧廉府）的人，工作運不錯，能賺衣食之資。你們工作還算努力，只是不易存錢。有人愛做政治、銀行業、金融業、保險業，業績很好，但未必會存錢。你們愛拉關係及送禮，朋友會對你們賺錢上有很大的幫助。此命格的人有貴格的人少，都是在營謀或用政治性的交換手法，在賺錢。火年財運旺。

健康運

（天蠍座‧廉府）的人，身體健康。但要小心手足之傷、肝腎毛病、子宮、輸卵管、輸精管、攝護腺等問題。也要小心血液的問題。

磁場相合的星座與命格

（巨蟹座‧武相）♥♥♥♥♥
（雙魚座‧紫微）♥♥♥♥
（摩羯座‧七殺）♥♥♥♥
（處女座‧陽梁）♥♥♥♥

不想與其溝通的星座與命格

（獅子座‧廉破）

（獅子座‧廉破）的人喳呼愛表現，鬥爭很厲害，耗財更兇，（天蠍座‧廉府）的人怕被牽連，彼此看不慣。

天蠍座＋廉相命格的人

命運特質

（天蠍座•廉貞、天相）的人，是出生在霜降經立冬到小雪間節氣的時節。初冬寒氣盛。廉貞屬火居平，很弱。天相屬水，冬水雖旺但寒凍。此命格的人，能享福不多，愛思考。深謀遠慮但很懶，凡事缺乏熱情。、夏天會奮發，有精神。

（天蠍座•廉相）的人，具有敏銳的觀察力，弟六感強。愛相信自己的判斷，你的兄弟姐妹是非爭執多。家中也會有經濟問題要解決。你們無法解決家人問題，跟配偶也相互不了解，有爭執。不過你會愛情專一。最終生活是平順的。

戀愛運

（天蠍座•廉相）的人，較冷漠、缺乏熱情，不了解異性，但愛情專一，深謀遠慮，是床頭吵床尾和。是家庭幸福的人。如果會離婚，還是為了錢。

金錢運

（天蠍座•廉相）的人，財運溥通，個性節儉保守。對錢財會深謀遠慮。你們會選擇賺錢的工作來做。做金融借貸業或百貨業。會理財。在龍年、狗年有爆發運，能有大財富。你們較注重生活中衣食好壞。

紫微＋水象星座 算命更準！

事業運

（天蠍座・廉相）的人，其事業運就在『武貪格』爆發運上，較愛賺錢，爆發運正常會爆發較大財富。只要到龍年、狗年，工作上必然爆發。你們須逢火而發，財富會大。你適合做複雜、須修理、或糾纏在一起、機件多、或手續繁多複雜的工作。環境很亂，或破破爛爛的，是你們的工作場所。例如政治圈、議會，印刷廠、汽車修理廠、軍警業等。

健康運

（天蠍座・廉相）的人，還算健康。有手足之傷，肝腎的毛病。糖尿病、免疫能力較差，以及血液的問題。地中海型貧血等。有擎羊同宮或相照的人，有『刑囚夾印』格，會有兔唇、傷殘，需要多次開刀手術。

磁場相合的星座與命格

（巨蟹座・武曲）♥♥♥♥♥

（雙魚座・紫府）♥♥♥♥

（摩羯座・破軍）♥♥♥♥

（處女座・天梁）♥♥♥♥

不想與其溝通的星座與命格

（雙子座・機巨）

（雙子座・機巨）的人聰明智商高，喜歡辯論與搞怪，（天蠍座・廉相）的人易被整，也難說服他。

天蠍座＋廉殺命格的人

命運特質

（天蠍座・廉貞、七殺）的人，是出生在霜降經立冬到小雪間節氣的時節。初冬寒氣盛。廉貞屬火居平，較弱。七殺屬金，冬金為過氣洩弱之金。故此命格的人，性格較冷酷庫，精神較憂鬱懶散，看起來沉著。實際很陰沉，較兇悍。你們性格節儉，對人有懷疑態度，難相處。不過，有勇往直前的精神。

（天蠍座・廉殺）的人，若有貴格的人，會讀書好，未來成就高。命格中有『刑囚夾印格』，會有血液的病症，健康有問題，但若是丙年生再有『廉貞化忌』，會有傷殘現象。廉殺的人，生活節儉，有家產，火土年財運好。

戀愛運

（天蠍座・廉殺）的人，婚姻運與戀愛運極佳。有好幫手的人來做配偶。若相親結婚，也能找到相配的好配偶。運氣超好。你們愛恨分明，對愛情也很專一，佔有慾強，不愛懶人做你們的配偶。

金錢運

（天蠍座・廉殺）的人，財運還可以，賺錢的運氣還不錯。肯吃苦打拼，做軍警業或粗活能擁有極高的薪資。能蓄積財富。你們會不怕髒亂、髒臭、做辛苦卓絕、或與血光有關，救難或處理屍體等的工作，毫不懼怕。若做文職工作收入少，會較窮。

事業運

（天蠍座‧廉殺）的人，會做辛苦又職位不高的工作。如軍警職、救難隊等。其次是深謀遠慮、危險、髒亂或衝鋒陷陣的工作。你們不會理財，但不怕血腥、髒亂，會從事有專業技術的工作。是一般人也不敢做的工作，故賺錢多。

健康運

（天蠍座‧廉殺）的人，普通還健康。但要小心心臟病、血管及血液的毛病。肺部、大腸及車禍的傷害。有擎羊的才易有血液的病及車禍。

磁場相合的星座與命格

（巨蟹座‧紫貪）♥♥♥♥♥

（雙魚座‧天府）♥♥♥♥

（摩羯座‧武破）♥♥♥♥

（處女座‧太陰）♥♥♥♥

不想與其溝通的星座與命格

（雙魚座‧擎羊）

（雙魚座‧擎羊）的人，多愁善感，又常假惺惺，暗中鬥爭。（天蠍座‧廉殺）的人超煩感，不去招惹他。

天蠍座＋廉貪命格的人

命運特質

（天蠍座・廉貞、貪狼）的人，是出生在霜降經立冬到小雪間節氣的時節。初冬寒氣盛。廉貞屬火居陷，較弱。貪狼屬木居陷，冬木盤屈在地。此命格的人，個性強烈衝動，愛恨十分強烈。又常憂鬱懶散。你們經常對人冷淡，人際關係差，口直心快，說話難聽。精力和膽識強，是非多。

（天蠍座・廉貪）的人，佔有慾強，會報復人。易有邪桃花，更喜歡與酒色財氣為伍。若有『火貪格』或『鈴貪格』的人，會有爆發運，從武職能得大富貴。若有貴格的人，會有高學歷與大成就。你們夏天財運好。

戀愛運

（天蠍座・廉貪）的人，愛恨分明，佔有慾強，更是注重外貌及性能力。愛情不穩定，常換男女朋友。要找到真正喜歡的對象才會黏上去。最終你會找到多金、會理財的配偶。

金錢運

（天蠍座・廉貪）的人，足智多謀，但無法賺大錢，財運不佳、浪費多。年輕時你們沁沉在酒色財氣中，中年以後，會被配偶管，你們是『妻管嚴』的

紫微＋水象星座
算命更準！

人，財務也被管。但能有積蓄。配偶很會存錢理財，也照顧你們的生活，生活無憂。

事業運

（天蠍座・廉貪）的人，做軍警業（武職）佳，有『火貪格』、『鈴貪格』的人能成就大事業及大富貴。做文職的人會財窮。此命格的人，有貴格，會有高學歷，也能做高科技、電腦類的工程師，會吃技術飯。也能在學校教書。若不工作的人會靠人吃飯。你們人緣不佳，無法做業務工作，會業績不好。

健康運

（天蠍座・廉貪）的人，身體還健康，但要小心手足受傷，肝腎的毛病、性病、及腸胃等消化系統、神經失調、內分泌失調的毛病。

磁場相合的星座與命格

（巨蟹座・天府）❤❤❤❤❤

（雙魚座・紫破）❤❤❤❤

（摩羯座・紫相）❤❤❤❤

（處女座・武殺）❤❤❤

不想與其溝通的星座與命格

（雙魚座・太陰）

（雙魚座・太陰）的人很情緒化、愛撒嬌、愛使喚人，（天蠍座・廉貪）的人不想做家奴，彼此不合。

天蠍座＋廉破命格的人

命運特質

（天蠍座・廉貞、破軍）的人，是出生在霜降經立冬到小雪間節氣的時節。初冬寒氣盛。廉貞屬火居平，較弱。破軍屬水，冬水雖旺但寒凍。且水火相剋。此命格的人，個性強烈衝動，愛恨也十分強烈。深沉懶散，有些冷酷，不起勁，破財更多，愛思考，行動力差。會採用破壞和創新的處理事情，破耗大，身體也不好。

（天蠍座・廉破）的人，凡事缺乏熱情，愛恨分明，佔有慾強。會做別人意想不到的事，說話狂妄。你們在牛、羊年有偏財運會爆發，能多得大財富。會爆起爆落。此命格的人，命中有貴格的人少。愛做競爭性強、多惡鬥與髒亂的工作。

戀愛運

（天蠍座・廉破）的人，多計謀，愛恨十分強烈，是戀愛獵人，但也會有懦弱不守社會規矩、常突破常規戀愛。更會為財富展開戀愛，你會用盡心機的追求目標對象。多次婚姻習以為常。

金錢運

（天蠍座・廉破）的人，財運還好，耗費錢財多，常對自己大方，對別

紫微＋水象星座 算命更準！

人小氣吝嗇。會做軍警職，文職會賺錢少。在牛、羊年會有爆發運，能爆發大財富。你們在火土年能存家財。

事業運

（天蠍座・廉破）的人，能突然升官發財，在工作上會具有爆發運，是『武貪格』，必須做武職或從商能爆發很大。爆發時間在丑、未年，能得到大財富。做文職會爆發小。人生會爆起爆落，有貴格的人能做大事業。火年爆發大。

健康運

（天蠍座・廉破）的人，中年有病傷。要小心頭臉有破相，手足傷災、車禍、開刀，肝腎問題、糖尿病、免疫能力失調、脾胃及大腸的毛病，也要小心淋巴癌和血液的問題。

磁場相合的星座與命格

（巨蟹座・紫相）❤❤❤❤❤

（雙魚座・武貪）❤❤❤❤

（摩羯座・天相）❤❤❤❤

（處女座・廉相）❤❤❤

不想與其溝通的星座與命格

（牡羊座・武曲） 

（牡羊座・武曲）的人雖衝動，很會看住，（天蠍座・廉破）的人陰險兇悍、價值觀不同，彼此看不慣。

天蠍座＋天府命格的人

命運特質

（天蠍座•天府）的人，是出生在霜降經立冬到小雪間節氣的時節。初冬寒氣盛。天府五行屬土，冬土寒凍洩弱。此命格的人，夏天活動力強，冬天較憂鬱懶散。生在天蠍座，賺錢與存錢都不很強。你們在工作上稍為缺乏熱情，雖喜歡物質享受，工作不算頂賣力，會照顧家人。性格有點自私。

（天蠍座•天府）的人，天府是財庫星。雖天生喜歡存錢，但田宅宮好的人才存得住錢，也有房地產。你們會有固定工作。如果命格中有破財、刑財現象的人，會工作不長久，也會存不住錢，財窮。此命格的人少有貴格，其財帛宮都是空宮，只有努力工作，才能累積財富。火土年你們會財運好，運氣旺。

戀愛運

（天蠍座•天府）的人，愛恨分明，佔有慾強。戀愛及婚姻運都差。你們先天價值觀和愛情觀和常人不一樣。你們會專挑和自己性格和價值觀反差大的人為對象。總找不對人，一生多次更換情人或配偶。婚姻不順利。

金錢運

（天蠍座•天府）的人，財運並不算好，你們是很愛存錢，賺錢能力並不強。必須要有穩定的工作，才會生活舒適。你們若田宅宮好，能存一些房地產。否則仍然窮。火土年會好。

事業運

（天蠍座・天府）的人，天生愛思考與管錢的事，喜歡做與財務、金融理財相關的工作最好。也有自營開店營生的，還有些人會做軍警業、公務員，或者進演藝圈、或開舞蹈教室、瑜珈教室等。你們能工作運穩定，勤勤懇懇，長年靠積蓄，能成就小型事業。

健康運

（天蠍座・天府）的人，身體健康，要小心脾胃、大腸的問題，此外高血壓、心臟病、肝腎問題、糖尿病、手足傷、膀胱、生殖系統都要小心。

磁場相合的星座與命格

（巨蟹座・紫微）❤❤❤❤❤

（雙魚座・天相）❤❤❤❤

（摩羯座・七殺）❤❤❤❤

（處女座・武府）❤❤❤❤

不想與其溝通的星座與命格

（天秤座・陽巨）

（天秤座・陽巨）的人性格散漫，愛玩、愛天花亂墜的胡說，（天蠍座・天府）的人易上當，彼此看不慣。

天蠍座＋太陰命格的人

命運特質

（天蠍座‧太陰）的人，是出生在霜降經立冬到小雪間節氣的時節。初冬寒氣盛。太陰屬水，冬水雖旺但寒凍。此命格的人，性格陰沉很沉著，有時憂鬱懶散。財富和房地產也不多。因為命格太寒。此命格的男性較斯文、有娘娘腔的形態，女性較嫵媚有異性緣。

（天蠍座‧太陰）的人，本命是薪水族，足智多謀，愛思考。愛穩定的工作，也愛買房子。你們愛談戀愛。常被戀情所困。也會與家中女性不合。你們雖有時懶洋洋，但很操勞。火年時財運較好，會富足。命格中有貴格的人，會有高學歷和高地位。命格中有爆發運的人，易有大財富。

戀愛運

（天蠍座‧太陰）的人，愛恨十分強烈，佔有慾強。很愛談戀愛，但戀愛運多起伏。你們有吸引異性的魅力。多次戀愛，婚姻未必長久。端看各人的造化變化而定。

金錢運

（天蠍座‧太陰）的人，火年財運稍好。會理財，戀愛時間也久。白日生人算是居陷的，會財富更少一點。你們

紫微＋水象星座 算命更準！

愛買房地產來存錢。你們和銀行的關係好，能儲蓄更多錢。

事業運

（天蠍座・太陰）的人，愛思考有謀略，愛存錢及買房子，要工作穩定，強力打拼。你們多半做跟銀行、金融機構有關。或公務員、企業職員。即使自己開店、做老闆、或開公司都會固定上下班和拿薪資。有爆發運的人會事業大成功與成為富翁。有貴格的人有大事業。

健康運

（天蠍座・太陰）的人，身體健康，但要小心脾胃、大腸、肺腺癌，肝腎或淋巴系統的毛病。也要注意生殖系統、乳癌、子宮或精囊、性病等問題。還有四肢酸痛的問題。

磁場相合的星座與命格

（巨蟹座・太陽）♥♥♥♥♥

（雙魚座・天機）♥♥♥♥

（摩羯座・貪狼）♥♥♥♥

（處女座・巨門）♥♥♥♥

不想與其溝通的星座與命格

（天蠍座・武曲）

（雙魚座・七殺）的人剛直，又情緒化。（天蠍座・太陰）的人陰沉，也情緒難以控制，彼此看不慣。

天蠍座＋貪狼命格的人

命運特質

（天蠍座‧貪狼）的人，是出生在霜降經立冬到小雪間節氣的時節。初冬寒氣盛。貪狼五行屬木，冬木盤屈在地。此命格的人，逢火運，好運才多。你們會個性深沉，愛思考，深謀遠慮，有時也會隨自己的高興而懶散，人緣不錯。佔有慾強，有些貪赧，對精神和物質的要求高。有火會運氣更好。

（天蠍座‧貪狼）的人，很有計謀，做軍警業最佳，升官快，上司會罩他。或做文教事業，發富少。命格中有貴格的人，會有大事業。你們好運多，若有『火貪格』或『鈴貪格』的人會有暴發運，能多得財富。

戀愛運

（天蠍座‧貪狼）的人，戀愛運與配偶運頗佳。你們戀愛技術手段極好。會找到多金的配偶。你們精力和膽識強，愛恨強烈。你肯定會擁有能相助你事業和財力的配偶。

金錢運

（天蠍座‧貪狼）的人，火年財運特佳。你們十分有計謀。能找到錢。你們難以節省，無法過苦日子。天生愛享受。不會存錢及理財。長輩父母會遺留家產給你，配偶也帶財富給你。若有『火貪格』、『鈴貪格』的人會爆發較大財富。火土年會財運好。

事業運

（天蠍座・貪狼）的人，在工作上必須創造大功業。適合做軍警武職，會發得大，能做大事及大將軍。做文職發得小。做文教業，較窮。貪狼本是好運星，你在小時候稍有好運，中年以後才會發。有貴格的人，會名揚四海。有爆發運的人，能有大富貴。

健康運

（天蠍座・貪狼）的人，身體健康。但要小心消化系統及神經系統的毛病，心臟病、高血壓，手足痠痛的問題，和性病。生殖系統的毛病。

磁場相合的星座與命格

（巨蟹座・紫府）♥♥♥♥♥
（雙魚座・武曲）♥♥♥♥
（摩羯座・天相）♥♥♥♥
（處女座・天府）♥♥♥♥

不想與其溝通的星座與命格

（處女座・機巨）

（處女座・機巨）的人保守，愛引起是非，愛管人。（天蠍座・貪狼）的人不喜歡別人管，彼此看不慣。

天蠍座＋巨門命格的人

命運特質

（天蠍座•巨門）的人，是出生在霜降經立冬到小雪間節氣的時節。初冬寒氣盛。巨門五行屬水，冬水雖旺但寒凍。此命格的人，個性沉著、深沉。時常憂鬱懶散。通常你們口才好、愛吃、佔有慾強，對人冷淡。你們計謀多，也會說假話騙人。是非口舌很多。

（天蠍座•巨門）的人，愛恨強烈，會深謀遠慮。愛拜鬼神。你們很聰明，命格中有貴格的人，會讀書能有大富貴。沒有貴格的人，會起伏坎坷。幼年辛苦，成年後才會轉好。有爆發運的人，成就與財富大。命格若缺火，易財少及身體不好，也易早夭。

戀愛運

（天蠍座•巨門）的人，愛恨分明，佔有慾強，計謀多，是戀愛獵人。超會用心機追求異性，從小便練習口才，在戀愛遊戲中，必定會人財兩得，找到美麗的配偶，並帶妻財給他。一生幸福。

金錢運

（天蠍座•巨門）的人，財運普通不佳，是個上班族，靠口才吃飯。有爆發運的人也能發富。你們都敢享受高級生活，捨得買高級品來用。但你們的財

紫微＋水象星座 算命更準！

不多。都是父母配偶給的，自己賺得少。你們會大膽的投資或賭博，如收高利貸，或做股票、期貨、或政治投資等，有些也會和黑道有關，賺錢膽識強。

事業運

（天蠍座・巨門）的人，是薪水族。做傳銷、教師、律師的人很多。其他如業務員、法官，金融操作員，或和黑道有關，很會賺錢。有貴格的人能成為政府官員，或民意代表，有爆發運者地位高。你們賺錢辛苦，火土年較富裕。

健康運

（天蠍座・巨門）的人，身體建康。但要小心消化系統、大腸的問題、淋巴系統、血液、尿道、及內分泌系統、淋巴癌、耳朵、心臟等問題。

磁場相合的星座與命格

（巨蟹座・太陰）♥♥♥♥♥

（雙魚座・天機）♥♥♥♥

（摩羯座・同梁）♥♥♥♥

（處女座・太陽）♥♥♥

不想與其溝通的星座與命格

（牡羊座・廉貞）

（牡羊座・廉貞）的人衝動又驕傲，，愛諷刺人。（天蠍座・巨門）的人不願受諷，懶得理他。

天蠍座＋天相命格的人

命運特質

（天蠍座・天相）的人，是出生在霜降經立冬到小雪間節氣的時節。初冬寒氣盛。天相屬水，冬水雖旺但寒凍。此命格的人，個性陰沉及沉著，時常憂鬱懶散。愛思考，愛恨分明，佔有慾強。命格缺火，財運較弱，福氣也較弱。衣食享受上也較少。天相有的公平、正直、公正，都會懶得管。

（天蠍座・天相）的人，命格太冷，平復環境中的是非紛爭與窮困的能力，也較弱。為家庭或環境中生財的能力也較弱。你對人有懷疑態度，做事沒恆心。夏天時你的財運和活動力都會強。有貴格的人，能造福百姓，在政府機關工作。火土年運氣好。

戀愛運

（天蠍座・天相）的人，愛恨強烈，佔有慾強。你們喜歡大膽及有點誇張的人，容易被外在的假象矇騙。通常你們的外在環境都複雜，對情人或配偶瞭解不夠，婚姻不美。但是本性懦弱的天相，反而可找到強勢會賺錢的配偶。

金錢運

（天蠍座・天相）的人，會深謀遠慮理財，很會存錢。你們喜歡做算帳或金融業，喜歡親手摸錢、數鈔票。有些人的父母會給家產，你們能享用財富還很多，生活平順。火年財運好。

事業運

（天蠍座•天相）的人，工作易做做停停，會斷斷續續，但你們會深謀遠慮找一個地方固定的待著，穩定打拼。性格老實勤儉，聽話，職位不高，會負責任做事。你們只會為生活打拼，不計較職位的高低。有爆發運的人會賺更多。

健康運

（天蠍座•天相）的人，健康可以。但要小心高血壓、頭痛、泌尿系統、膀胱、內分泌系統、糖尿病、耳朵、腎臟、淋巴系統的問題。

磁場相合的星座與命格

（巨蟹座•天府）❤❤❤❤❤

（雙魚座•同梁）❤❤❤❤

（摩羯座•天同）❤❤❤❤

（處女座•紫破）❤❤❤

不想與其溝通的星座與命格

（牡羊座•七殺）

（牡羊座•七殺）的人衝動固執、理財能力差，還要別人聽他的。（天蠍座•天相）的人愛理財及創新，不喜古板老套，彼此看不慣。

天蠍座+天梁命格的人

命運特質

（天蠍座・天梁）的人，是出生在霜降經立冬到小雪間節氣的時節。初冬寒氣盛。天梁五行屬土，冬土寒凍無用。此命格的人，天生的蔭庇會減少一點，復建的力量也減少。不過你會個性陰沉與沉著，性格強烈衝動，但外形厚重，善良，有宗教信仰。需有火來引化，財運才會好，及能有好運及大成就。

（天蠍座・天梁）的人，有貴格『陽梁昌祿格』及暴發運的人，會成就高有大富貴。能靠此格來讀書致仕，有高收入。命宮在巳、亥宮居陷的人，易東奔西跑，較無法有成就。火土年會運好。

戀愛運

（天蠍座・天梁）的人，愛恨分明佔有慾強，愛情謀略多，喜歡愛說話的對象。也喜歡難追的對象。因此愛情上是非多、或多角戀愛糾纏不清。婚後，發覺配偶難搞，囉嗦又愛吵鬧，經常吵架不合或離婚。選巨蟹座的配偶對你好。

金錢運

（天蠍座・天梁）的人，領月薪為上班族。有貴格的人會成就高、賺錢多。沒有貴格的人只是普通上班族。有爆發運的人會增富。此命格的人，必須要出

紫微＋水象星座
算命更準！

名才有大富貴。否則做廟公、牧師、神父也能生活。火土年財運好。

事業運

（天蠍座‧天梁）的人，愛穩定工作。你們精力與膽識強，深謀遠慮。會經過考試而升等努力。有貴格的人會做技術官僚或科技類高階主管、也可做老闆。有些會做作家、或做廟公、牧師等。有爆發運的人會爆發財富。你們適合的行業有教書、宗教業、慈善業、醫療業、護理師、照護等工作。火土年運好。

健康運

（天蠍座‧天梁）的人，身體健壯。但要小心脾胃問題、肺部、支氣管炎、感冒、大腸、糖尿病、免疫能力等問題。

磁場相合的星座與命格

（巨蟹座‧太陽）♥♥♥♥♥
（雙魚座‧同陰）♥♥♥♥
（摩羯座‧太陰）♥♥♥♥
（處女座‧機巨）♥♥♥

不想與其溝通的星座與命格

（天蠍座‧擎羊）

（天蠍座‧擎羊）的人是天生的蠍子，陰險善於爭鬥。（天蠍座‧天梁）的人不想跟他有衝突，人生觀和價值觀不同，彼此看不慣。

天蠍座＋七殺命格的人

命運特質

（天蠍座•七殺）的人是出生在霜降經立冬到小雪間節氣的時節。初冬寒氣盛。七殺屬金，冬金為已過氣洩弱之金。此命格的人，個性沉著與陰沉，多思考與計謀，時常憂鬱懶散，但觀察力敏銳。第六感強，性格強烈衝動。精力和膽識強，會採用破壞和創新的方式處理事情。獨斷獨行。你們愛恨分明，佔有慾強，火年運氣好，財官強。

（天蠍座•七殺）的人身體健康稍弱，需要小心肺部與大腸的癌症、車禍。你們愛做老闆，不喜歡被人管。須要強力打拼及奔波才有錢賺。此命格的人會有貴格的人少，愛賺錢。有爆發運的人，能成為大富翁。你們一生要保養身體，否則易短命。到火多的地方生活較好。

戀愛運

（天蠍座•七殺）的人，愛恨分明，佔有慾強，會狩獵愛情，目標很明確。看上了就緊追不捨。速戰速決的佔為己有。分手時也很乾脆，不會糾纏不清。你們心中早已有喜歡的情人類型，配偶運佳，夫妻合睦。

金錢運

（天蠍座•七殺）的人，財運普通。賺錢謀略多，你們對金錢還算有敏感力，會知道賺錢方向，打拼後會有好的進帳。你們大多有爆發運，易擁有大財富。父母也會留財產給你們，故易為億萬富翁。配偶也會幫你理財、是好幫手。火年能多增財富。

事業運

（天蠍座・七殺）的人，愛做自己喜歡的行業。見解獨到，能洞悉事情貞相，事業運順利。你們肯負責任，有擔當。做軍警職能立大功，得到權力與地位。做文職會窮。若從商，能賺到大財富。此命格的人大多缺乏貴格，有爆發運的人，擁有大富貴。火年及火運能有大富貴。做與金有關的行業最好。如金融業、刀劍、鐵器、金屬、外科手術等醫療業、征伐及鬥爭強的行業。

健康運

（天蠍座・七殺）的人，幼年身體弱，易感冒生病。長大就好了。但要小心很多傷災、車禍及開刀，還有大腸癌、肺癌，支氣管炎、免疫能力、高血壓、糖尿病等的問題。

磁場相合的星座與命格

（巨蟹座・紫府）❤❤❤❤❤

（雙魚座・武府）❤❤❤❤

（摩羯座・廉府）❤❤❤❤

（處女座・天府）❤❤❤❤

不想與其溝通的星座與命格

（雙魚座・擎羊）

（雙魚座・擎羊）的人情緒化與胡攪蠻纏。（天蠍座・七殺）的人很不耐煩，彼此看不慣。

天蠍座＋破軍命格的人

命運特質

（天蠍座・破軍）的人，是出生在霜降經立冬到小雪間節氣的時節。初冬寒氣盛。破軍五行屬水，冬水雖旺但寒凍。此命格的人，個性沉著及深沉，愛思考，計謀多。有時憂鬱懶散。奮鬥力不強。你們的命格屬於改革開創的格局，但此時你會採用破壞與創新的處理方式，討厭遵行制度。

（天蠍座・破軍）的人，愛恨分明佔有慾強，有獨到見解。時常會懷疑心重，對人有些冷酷。你的人生常起伏。若有爆發運的人，能有事業成功的大富貴。破軍坐命的人，健康很差，要小心傷災和病痛。中年以後多病，壽命不長。有貴格的人，會事業有成，能主貴。但並不一定富有。命格中有火的人能主富。

戀愛運

（天蠍座・破軍）的人，戀愛運和配偶運佳。你們是戀愛老手，足智多謀，愛恨分明，佔有慾強。在追求戀愛方面能突破現實的條件，很快和戀人直接上床。更可不顧雙方的婚姻關係，及社會規範，戀愛速決。能找到多金及會裡財的配偶。但婚姻是否幸福，因人而定。

金錢運

（天蠍座・破軍）的人，其財運好壞看本命帶火程度，吉兇難定。此星座的人是命格較寒較懶散的。雖然好運在工作上。若多打拼努力一點，財運會好。

紫微＋水象星座 算命更準！

做軍警業的人，可立功、賺大富貴。文職較窮。此星座的人稍會享福，生活還算順遂。有爆發運的人能得到大財富。有貴格的人，會有高地位及掌權機會，為政府官員。你們善於爭鬥賺錢。

事業運

（天蠍座・破軍）的人，愛掌權，佔有慾強。做軍警業，立戰功，會有大富貴。此命格的人火年會戰鬥力旺盛，大運好。你們善於鬥爭、做兇險性高、工作雜亂、艱險複雜多變的工作。有爆發運的人事業多具成就。你們會一生大起大落。辛苦勞碌而成，要多生財富。也能享受物質生活很多。

健康運

（天蠍座・破軍）的人，身體大致健康，但要小心頭臉有破相、中年以後傷災、車禍、開刀等事。因為必有一破，破在健康。也要小心淋巴癌、泌尿系統、內分泌系統、糖尿病等的問題。

磁場相合的星座與命格

（巨蟹座・武相）❤❤❤❤❤

（雙魚座・同陰）❤❤❤❤

（摩羯座・紫殺）❤❤❤❤

（處女座・紫相）❤❤❤❤

不想與其溝通的星座與命格

（處女座・機陰）

（處女座・機陰）的人性格保守，愛情多起伏，（天蠍座・破軍）的人是獵艷高手，彼此有心結。

天蠍座＋祿存命格的人

命運特質

（天蠍座・祿存）的人，是出生在霜降經立冬到小雪間節氣的時節。初冬寒氣盛。祿存五行屬土，冬土寒凍，土會洩弱。此命格的人，個性沉著與陰沉，話少，憂鬱懶散，不積極。因命格中有『羊陀相夾』，和父母、兄弟家人都不和。易有被害的懷疑心。此命格的人命格缺火，易命運多舛，會為人養子，或隨母改嫁，或家門凋零，自卑感很深。

（天蠍座・祿存）的人，為『小氣財神』。吝嗇節儉。你們愛恨分明，佔有慾強。愛存錢，不肯吃虧。不會發善心去佈施，覺得自己最可憐。不會救濟他人。你不會投資，怕被騙。會把現金存在家中和銀行。有貴格的人，也能有事業地位。生於此星座，命格缺火為凍土，財運也會較弱。

戀愛運

（天蠍座・祿存）的人，很吝嗇，不想結婚負責任。你從不肯出錢請吃飯、看電影。你們也可能相親結婚。婚後的家用也要和配偶相互分擔。會因金錢問題而離婚。你深謀遠慮，結婚時的經費會記載詳細，離婚時分家也會分得清楚。

金錢運

（天蠍座・祿存）的人，是守財奴命格。只重衣食。你們很會存錢，捨不得花用。愛錢如命，重視錢不重親情。

自己會工作賺錢。也能得到親生及養父母的遺產。一生節儉過生活，能有房地產可住，無法大富。火年會財運好。

事業運

（天蠍座・祿存）的人，愛工作賺錢，雖忠於工作崗位。會足智多謀，不會輕易的離職或罷工，也不會隨意請假，但會小小的偷懶一下。你們會有專業的技術，到老還不想退休。雖然職稱不高，卻是業界的老師傅、你們對人較冷淡，只做自己的工作。火土年時財運與工作運好。

健康運

（天蠍座・祿存）的人，幼年身體不佳，常生病。青少年以後慢慢變強壯。你們多半大腸不好，幼年常感冒，因此要小心大腸癌、肺癌、氣管炎、脾胃不佳、頭部、高血壓、免疫能力和四肢酸痛的毛病。

磁場相合的星座與命格

（巨蟹座・武曲）❤❤❤❤❤
（雙魚座・天相）❤❤❤❤
（摩羯座・武府）❤❤❤❤
（處女座・紫府）❤❤❤❤

不想與其溝通的星座與命格

（雙子座・貪狼）

（雙子座・貪狼）的人很聰明及愛享受，愛浪費錢財，（天蠍座・祿存）的人很吝嗇，彼此看不慣。

天蠍座＋擎羊命格的人

命運特質

（天蠍座・擎羊）的人，是出生在霜降經立冬到小雪間節氣的時節。初冬寒氣盛。擎羊五行屬火金，冬金為已過氣洩弱之金。此命格的人，個性沉著及陰沉，愛恨分明，佔有慾強，憂鬱懶散的時候多。常懶洋洋。你們喜與人競爭，不肯吃虧。因為命格缺火，財不多。

（天蠍座・擎羊）的人，懷疑心強，智謀多。常霸道，會記恨報復。你們是刑剋的命格，講話會語中帶刺，去螫別人。若有『馬頭帶箭格』的人，能做大將軍或法務部長。有貴格的人，也能當大官。有爆發運的人會發得略小。你們更要小心傷災、車禍及開刀。你們與人相處不易。火年時運氣會好。

戀愛運

（天蠍座・擎羊）的人，佔有慾特強，愛恨強烈。戀愛不順利。喜歡奪人所愛及介入別人感情。亦會用盡手段來得到。但未必珍惜。會愛人時，愛到發狂。不愛時兇狠對待。是恐怖情人，對情人殺害或虐待。有同歸於盡的念頭。

金錢運

（天蠍座・擎羊）的人，雖足智多謀，但錢財不順。工作易斷斷續續。常有困窘。有時會懶惰不工作，有時會做黑道或流氓搶錢。也有人會做啃老族，讓父母養。擎羊做『三把刀』的行業最好，如理髮師、廚師、剪裁師，或外科醫生。做軍警業也最好，會衣食無憂。

事業運

（天蠍座‧擎羊）的人，做軍警業、或三刀及三師，如理髮師、廚師、剪裁師，或外科醫生、醫療、美容醫療、寵物醫療、開刀有關的行業，能賺大錢。做文職主窮困。還有做喪葬業、垃圾處理、車禍血光、災害救援及解決善後等行業也會賺到錢。你們所做的行業大都是競爭、血光、死亡相關的行業。做與刀、劍相關的行業為佳。火年財運佳。

健康運

（天蠍座‧擎羊）的人，幼年難養，長大後強壯。出生時也會讓母親出血多，很危險。某些人的母親也因生子而亡。要小心車禍、外傷、頭面破相，肝腎的毛病、眼睛不好，容易有開刀現象，肺部、大腸，免疫能力等問題。

磁場相合的星座與命格

（巨蟹座‧天同）❤❤❤❤❤

（雙魚座‧廉相）❤❤❤❤

（摩羯座‧紫微）❤❤❤❤

（座‧同陰）❤❤❤

不想與其溝通的星座與命格

（巨蟹座‧武府）

（巨蟹座‧武府）的人愛保守理財，吝嗇愛存錢，更害怕被刑財，（天蠍座‧擎羊）的人對財星有刑剋，兩種人價值觀不同，彼此看不慣。

天蠍座＋陀羅命格的人

命運特質

（天蠍座‧陀羅）的人，是出生在霜降經立冬到小雪間節氣的時節。初冬寒氣盛。陀羅五行屬辛金，冬金為已過氣洩弱之金。此命格的人，個性沉著及陰沉，愛恨分明，佔有慾強，因為命格缺火，憂鬱懶散的時候多，會懶洋洋。你們頭臉有破相。身體有傷，或駝背。手足傷害、牙齒斷裂等。外表較粗笨，性格頑固。

（天蠍座‧陀羅）的人，多少有點智謀。若命宮有『天鉞』同宮，其人相貌會稍俊俏，可愛。看不出笨。你們必須離家，外出奮鬥，會有新人生。你們愛相信陌生人，不相信家人，一生是非多，常暗行惡事害人、騙人，又記恨報復。多從事黑道組織。若從正道做軍警職能有大成就。火年財運好。

戀愛運

（天蠍座‧陀羅）的人，你很有智謀，與擎羊坐命的人是天生絕配。稱做：『鐵杵磨成繡花針。』擎羊是針。陀羅是鐵石。你若和別的命格結婚或戀愛就常不順，易拖拖拉拉，多是非、波折不斷。婚姻也不長久。夫妻易相互打架吵架，爭執不斷。最終離婚。你們常家暴。家宅不寧。若彼此忍讓，相親相愛過日子，也有幸福人生。

金錢運

（天蠍座‧陀羅）的人，財運常拖

拖拉拉不進帳。也要看工作做多少。易碰到拖欠薪水，運氣不佳。做軍警業會順利，可立戰功，財運也會好，有爆發運的人，也能得大富貴。做生意肯定失敗。火年財運好。

事業運

（天蠍座・陀羅）的人，雖足智多謀，見解獨到，但工作總是做做停停，只有做軍警業才會穩定及成功，也會有積蓄存款。做文職會窮困，失業。命格中有貴格、高的，能做大官。命格低下者會做墓園、喪葬業者，或撿骨師、黑道。工作是會有一票沒一票的做著。

健康運

（天蠍座・陀羅）的人，外表大致還好，但會頭面破相，有牙齒的傷害、手足傷，肺部、氣管、大腸、免疫系統有問題，也易生癌症。還有皮膚病或身上長瘤。

磁場相合的星座與命格

（天秤座・紫微）❤❤❤❤❤
（雙子座・天同）❤❤❤❤
（射手座・天相）❤❤❤❤
（天蠍座・同梁）❤❤❤❤

不想與其溝通的星座與命格

（雙子座・巨門）

（雙子座・巨門）的人很會賣弄聰明，嘲笑別人。（天蠍座・陀羅）的人討厭酸言酸語，彼此看不慣。

李虛中命書詳析

法雲居士⊙著

《李虛中命書》又稱《鬼谷子遺文書》，在清《四庫全書．子部》有收錄，並做案語。此書是中國史上最早一本有系統的八字命理書，也成為後來『子平八字』術改變而成的發展基石。

此書中對干支的對應關係、對六十甲子的祿、貴、官、刑有非常詳細的討論，以及納音五行對本命生、旺、死、絕的影響，皆是命格主貴、主富的關鍵要點。子平術對其也諸多承襲其用法。

因此，欲窮通『八字』深奧義理者，必先熟讀此書中五行納音及干支間之理論觀念。因此這本『李虛中命書』也是習八字之敲門磚。

法雲居士將此書用白話文逐句詳解其意，並將附錄之四庫編纂者所加之案語一併解釋，卑能使讀者更加領會其中深奧之意。

簡易實用靈卦、易學

法雲居士⊙著

卜卦是一個機率問題，也十分科學的，當人在對某一件事情執著的時候，又想預知後果，因此就需要用卜卦來一探究竟。任何事務都無法脫離時間和空間而存在。紫微和八字的算運氣法則，是先有時間再算空間，看是在什麼樣的時間點走到什麼樣的空間去！卜卦多半是一時興起而卜卦的，因此大多數的時間和空間都是未知數，再加上物質運動的變化，隨機而動的卜卦才會更靈驗！

卜卦必須要懂得易經六十四卦的內容與代表意義。

法雲老師用簡單易懂的方法教你手卦、米卦、金錢卦、梅花易數的算法，讓你翻翻書就立刻知道想要知道的結果！